FOLKO KULLMANN

BALKON PROJEKTE

für Selbermacher

blv

Was Sie in diesem Buch finden

Balkon-Projekte

Bevor es losgeht, heißt es einkaufen, Werkzeug checken, Inspirationen einholen. Stöbern Sie auf Flohmärkten, im Internet, auf Garagensales und auf Recyclinghöfen nach Materialien und Ideen.

Drei, zwei, eins – kreativ!

Was macht einen Balkon oder die Terrasse besonders und individuell? Was können Sie tun, um das eigene Stadtgartendomizil aufzupeppen? Die Projekte in diesem Buch sind alle einfach und können in einer überschaubaren Zeit – viele sogar in weniger als einer Stunde – umgesetzt werden. Es sind keine Spezialwerkzeuge notwendig, die man nie wieder brauchen würde und die nur im Keller verstauben. Alle Materialien und das Zubehör bekommen Sie im Gartencenter oder Baumarkt, im Internet, auf Recyclinghöfen oder Flohmärkten und Sammlerbörsen. Keines der vorgestellten Projekte zum Selberbauen hat mehr als 100 Euro gekostet. Lediglich für größere Umbau- und Umgestaltungsmaßnahmen wie eine Gartenmöbelgarnitur aus Europaletten oder einen neuen Bodenbelag müssen Sie in etwas anderen Größenordnungen kalkulieren.

Individuell & ungewöhnlich

Lassen Sie sich inspirieren und übertragen Sie Ideen und Lösungen aus anderen Bereichen in den Garten. Was in der Küche für Ordnung sorgt, funktioniert auch im Gartenregal. Paletten lassen sich nicht nur zum Transport schwerer Güter nutzen und Obstkisten nicht nur zur Aufbewahrung von Obst verwenden. Wer mit offenen Augen durch einen Baumarkt, ein Gartencenter, über den Flohmarkt geht oder beim Sperrmüll schaut, wird überrascht sein, wie viele Möglichkeiten sich ergeben, wenn man mal »außer der Reihe« denkt.

Allroundtalent Weinkiste

① Wein- und Obstkisten gehören zu meinen absoluten Favoriten für jede Art von Garten- oder Balkonprojekten. **Weinkisten** werden aus glatt gehobeltem Pappel-, Fichten- oder Tannenholz hergestellt und halten, wenn sie trocken bleiben, auch ohne Holzschutz viele Jahre. Sie sind leicht zu bearbeiten und lassen sich vielseitig als Regal, Pflanzkästen, zur Aufbewahrung oder sogar als Mini-Gewächshaus (siehe S. 58) verwenden. **Obstkisten** sind ebenso variabel einsetzbar und lassen sich auf vielerlei Art und Weise auf Balkon und Terrasse nutzen.

Pflanzen, Pflanzen, Pflanzen

② Was wäre ein Balkon ohne Pflanzen? Sie müssen aber nicht immer in traditionellen Balkonkästen wachsen. Warum nicht in die Höhe gehen? Wie? Lesen Sie weiter auf Seite 50.

Bepflanzte Paletten

③ Gärtnern mit und in und an Europaletten ist ein Megatrend und Inbegriff von kreativem Up- und Recycling. Ausgediente Holzpaletten sind überraschend haltbar und lassen sich auf vielseitige Weise bepflanzen. Die Ideen dazu gibt's ab Seite 38 und 56.

Neue Bodenbeläge

④ Ein schöner Boden ist das A und O, wenn man Balkon oder Terrasse als Wohnraumerweiterung nutzen möchte. Am einfachsten geht das mit Holzfliesen oder Outdoor-Teppichen, es gibt aber noch viel mehr Möglichkeiten. Welche? Die finden Sie ab Seite 28.

Materialbeschaffung

Gartencenter sind eine Fundgrube für Pflanzen, Substrate, Töpfe und Co. Bretter, Baumaterial, Werkzeug und Zubehör erhalten Sie im Baumarkt. Aber auch auf Floh- und Trödelmärkten lässt sich so manches finden, das auf dem Balkon zu neuem Leben erweckt werden kann.

Floh- und Trödelmärkte

In größeren Städten finden beinahe jedes Wochenende ein oder mehrere Floh- und Trödelmärkte statt. Aber auch in kleinen und mittleren Ortschaften gibt es zu Anlässen wie Kirmes- oder Volksfesten, Rummeln und an-

deren Veranstaltungen Sammlermärkte, auf denen private wie gewerbliche Anbieter Dinge, die andere nicht mehr brauchen, anbieten. Floh- und Trödelmärkte sind eine wunderbare Quelle für nostalgische, antike Deko-Objekte, altes Werkzeug, das vielleicht nicht mehr so schön aussieht, aber auf dem Balkon immer noch zum Einsatz kommen kann, und natürlich jede Menge Kisten, Schalen, Töpfe und Gefäße, die für den Bau von Regalen, zur Aufbewahrung von allerlei Kleinkram und zum Bepflanzen geeignet sind. Vergessen Sie nicht zu feilschen, das gehört einfach dazu und lassen Sie bei »Antiquitäten« eine gewisse Skepsis walten. Nicht alles, was alt aussieht, hat auch schon

❋ Flohmärkte sind eine echte Fundgrube. In größeren Städten gibt es an jedem Wochenende einen oder mehrere Trödelmärkte, auf denen private und kommerzielle Händler eine Fülle von Objekten und Materialen anbieten.

80 Jahre oder mehr auf dem Buckel. Zu Zeiten des Shabby-Chics gibt es viele Dinge, die zwar alt und abgenutzt aussehen, aber nur moderne Kopien sind – Flair kann da nicht wirklich aufkommen.

Eine weitere Gelegenheit, Deko-Elemente, Töpfe und schöne Gefäße zu erwerben, sind Gartenmärkte. Sie sind oft mit einer Gartenausstellung, Pflanzenmärkten und anderen Attraktionen verbunden. Manche dieser Märkte, wie der Hamburger Pflanzenmarkt auf dem Kiekeberg, die Erfurter Raritätenbörse oder der Berliner Staudenmarkt, sind mittlerweile so beliebt, dass man schon wirklich früh vor Ort sein sollte, will man noch Schnäppchen ergattern. Die Termine finden Sie im Internet auf den Seiten der bekannten Gartenmagazine oder auf privaten Portalen wie www.gartenlinksammlung.de.

Wochenmärkte

Pflanzen für den Balkon vom Wochenmarkt? Viele Gärtnereien bieten nicht nur selbstgezogenes Obst und Gemüse, sondern auch jede Menge Jungpflanzen von Balkonblumen, Stauden und Topfkräuter. Auch Gemüsejungpflanzen und -setzlinge gehören zum Angebot. Der große Vorteil: Sie sind aus der Region, das heißt, die Pflanzen sind optimal an das hiesige Klima angepasst. Die Jungpflanzen und Topfkräuter im Gartencenter kommen häufig aus Großbetrieben in Südeuropa, wo das Klima optimal ist. Der lange Transport bedeutet aber Stress für die kleinen Jungpflanzen, die dann oft nicht so gut weiterwachsen wie jene, die vor Ort angezogen wurden.

TIPP

Weinkisten sind gesuchte Bastelobjekte und werden im Internet oder auf den verschiedenen Kleinanzeigenportalen zu durchaus respektablen Preisen angeboten. Da kann ein Regal, für das man sechs oder mehr Kisten braucht, ganz schön ins Geld gehen. Fragen Sie doch mal beim Weinhändler nach, ob er welche übrig hat. Oder veranstalten Sie eine Party und bitten Sie die Gäste, gemeinsam für die Getränke zu sorgen – die dann in Kisten gekauft werden. Aber sprechen Sie sich ab. Die Kisten sind je nach Sorte unterschiedlich groß und sollten schon zusammenpassen.

● Recyceln statt immer alles neu kaufen. Hinterhof-Flohmärkte und Trödelhändler laden zm Stöbern ein.

Gartencenter, Gärtnereien, Baumärkte

Das Angebot unterschiedlichster Pflanzen in Gartencentern ist besonders groß, seien es inhabergeführte Geschäfte oder große Ketten. Hier bekommen Sie in der Regel eine gute bis sehr gute Auswahl und auch qualitativ hochwertige Pflanzen, dazu jede Menge Zubehör: Gartenwerkzeug, Töpfe, Blumenerde und Dünger. Da Gartencenter zur Saison fast jede Woche neue Ware geliefert bekommen, lohnt es sich, oft vorbeizuschauen. So entdecken Sie nicht nur immer wieder neue Pflanzen, unter ihnen auch mal besondere oder ungewöhnliche Sorten. Und auf »alte« oder »überständige« Exemplare, abgeblühte Stauden oder Rosen werden immer wieder satte Rabatte gewährt.

In kleineren Gärtnereien vor Ort ist die Auswahl oft nicht ganz so groß, dafür kennen die Gärtner die Pflanzen, die selbst angezogen wurden, viel besser und können Sie oft besser beraten. Meist sind die Pflanzen robuster und gut ans Klima angepasst, da sie bereits unter den lokalen Bedingungen herangezogen wurden.

Baumärkte sind wahre Einkaufsparadiese, in denen man sich lange aufhalten kann, selbst wenn man nur ein paar Werkzeuge, Material zum Bauen und Basteln braucht. Machen Sie sich vor dem Einkauf eine genaue Liste der Dinge, die Sie suchen – das bewahrt vor unnötigen Überflusskäufen. Angesichts der Fülle an Waren und Sonderangeboten verliert man schnell den Überblick. Zu Hause angekommen, stellt man dann fest, dass man viel zu viel eingekauft hat.

✳ Gut sortierte Gartencenter bieten eine große Auswahl an Pflanzen und Zubehör. Mit vorgezogenen Pflanzen wie diesen Blumenampeln wird Ihr Balkon in kürzester Zeit ein grünes Paradies.

Internet

Besonders wenn Sie von einem bestimmten Material wie Wein- oder Obstkisten eine größere Menge brauchen, z. B. für ein Gartenregal, ist es besser, alle auf einmal von einem Anbieter zu kaufen. Sie unterscheiden sich in den Maßen oft leicht, was das Zusammenbauen erschwert. Bei Paletten sparen Sie sich den mühsamen Transport. Auf den folgenden Internetportalen werden Sie auf jeden Fall fündig.

- www.markt.de
- kleinanzeigen.ebay.de
- www.quoka.de
- www.dhd24.com
- www.kalaydo.de

Natürlich bieten auch viele Händler ihre Waren über große Portale wie Amazon oder eBay an.

TIPP

Wenn Sie vor einem Wochenende oder einem Feiertag im Gartencenter (oder einem Baumarkt) einkaufen, sollten Sie sich früh auf den Weg machen. Die Pflanzen werden nämlich am Mittag oder Nachmittag – kurz vor Feierabend der Mitarbeiter – noch einmal kräftig gegossen, damit sie den oder die kommenden Tage ohne Bewässerung gut überstehen. Wenn Sie also auf schwere, triefnasse Töpfe im Kofferraum verzichten möchten, ist ein Einkauf am Vormittag auf jeden Fall empfehlenswert. Umgekehrt gilt: Achten Sie beim Einkauf zu Wochenbeginn auf übergossene Töpfe.

⬢ Achten Sie beim Kauf von Paletten auf Zwischenblöcke aus Massivholz, die halten länger als Pressspan.

⬢ Gestrichen und hochkant gestellt – so einfach wird aus einer Palette ein Pflanzenregal.

Gut zu haben, gut zu wissen

Kein Balkon- oder Terrassengärtner kommt auf Dauer ohne eine gewisse Grundausstattung an verschiedenen Werkzeugen aus. Basteln, Bauen und Pflanzarbeiten machen aber nur dann Spaß, wenn man das richtige und geeignete Arsenal an Geräten und Werkzeugen zur Hand hat. Bei der Fülle faszinierender Werkzeuge und Gerätschaften, die das Gartencenter- und Baumarktsortiment beinhalten, fällt es nicht immer leicht, die richtige Ausstattung zusammenzustellen. Hier finden Sie eine Übersicht, was Sie auf jeden Fall im Werkzeugschrank haben sollten, wenn Sie die Projekte in diesem Buch bauen möchten.

TIPP

Die Qual der Wahl

Beim Kauf von Gartengeräten und Werkzeug sollten Sie nicht sparen. Viele Geräte gibt es in Billigversionen oder in teuren, qualitativ hochwertigen Ausführungen. Maßgeblich für die Entscheidung sollten ergonomische Aspekte, aber auch die voraussichtliche Nutzungshäufigkeit sein. Eine gute Säge, ein Schraubendreherset, Hammer oder eine hochwertige Gartenschere halten ein Leben lang und werden häufig benutzt. Andere Geräte, die seltener benötigt und nicht so stark beansprucht werden, kann man dafür preiswerter erstehen.

Die Basics

Ein gut sortierter Werkzeugkasten mit den wichtigsten Utensilien gehört in jeden Haushalt. Metallkästen sind stabiler als solche aus Kunststoff, zumal bei diesen auch die Griffe leichter abbrechen können.

- Ein **Hammer** darf in keinem Werkzeugkasten fehlen. Am besten haben Sie zwei verschiedene zur Hand: einen Stahlhammer mit sogenanntem Geißfuß zum Einschlagen (und Ziehen) von Nägeln und einen Gummihammer für Arbeiten, bei denen die Aufschlagfläche größer ist und die Oberfläche nicht beschädigt werden soll.
- **Holzwäscheklammern**, mit denen man einen Nagel, der in eine Wand oder ein Brett eingeschlagen werden soll, fixieren kann, sind perfekte Helfer beim Festhalten der Nägel. Blau geschlagene Finger gehören dann der Vergangenheit an.
- Zum Entfernen von Nägeln und zum Lösen von Drahtverzwirbelungen darf eine **Kombizange** nicht fehlen. Mit ihr können Sie auch Blumen- und Bindedraht durchkneifen.
- Zum Abmessen dient ein **Zollstock** oder **Metermaß**. Maßbänder aus Metall können sich mit der Zeit verziehen, ein klassischer Gliedermaßstab aus Holz ist besser.
- Damit Regale, Leisten, Bretter oder Rankgerüste richtig ausgerichtet und im Lot an einer Wand oder Mauer angebracht werden können, ist eine **Wasserwaage** unverzichtbar.
- Zum Markieren von Bohrlöchern und Sägelinien ist ein **Bleistift** samt Spitzer sinnvoll.

- Zum Eindrehen von Schrauben brauchen Sie eine gewisse Anzahl an **Torx-, Schlitz- und Kreuzschraubendrehern**. Nichts ist lästiger, wie wenn man nach dem Einkauf im Baumarkt zu Hause feststellt, dass man aus Versehen die falschen Schrauben gekauft hat oder der passende Schraubendreher fehlt.
- Sechskantige **Inbusschlüssel** sind zwar für den Bau der hier beschriebenen Projekte nicht notwendig, sollten aber trotzdem bei der Grundausstattung nicht fehlen.
- Wer gerne und viel werkelt, für den ist ein **Akkuschraubers** perfekt. Man spart nicht nur viel Zeit, sondern auch Kraft. Eine Sehnenscheidenentzündung vom Setzen vieler Schrauben gehört dann der Vergangenheit an. Es gibt Modelle, die magnetische Bits haben, sodass die Schrauben nicht herausfallen und bei denen die Schraubstelle beleuchtet wird.
- Zum Schneiden von Vlies, Folie, Karton und Klebeband sind **Schere, Teppichcutter** oder **Messer** sinnvoll.
- Eine **Bohrmaschine** mit einem Bohrerset aus Holz-, Metall- und Steinbohrern gehört ebenfalls zur Grundausstattung eines Hobbyhandwerkers. Wer in massive Ziegel- oder sogar Betonwände bohren möchte oder muss, sollte sich von vornherein eine leistungsstarke Schlag- oder Hammerbohrmaschine anschaffen.
- Praktisch: ein **Magnet** als Helfer, um Schrauben, Nägel und andere kleine Metallteile, die beim Arbeiten an schwer zugängliche Stellen gefallen sind, hervorzuholen — oder sie mit einem Magnet an einer Schnur vom Boden zu angeln, wenn man hoch oben auf einer Leiter steht.

- **Vorgepackte Sets** von unterschiedlichen Schrauben, Haken, Ösen, Klammern, Nägel und Stecknadeln sind praktisch. So müssen Sie nicht jedes Mal, wenn etwas befestigt oder aufgehängt werden muss, in den Baumarkt fahren. Machen Sie sich nicht die Mühe, alles selbst zusammenzustellen.

Gartenwerkzeuge & Geräte

Im Gegensatz zum Gärtnern im Garten können Sie auf Balkon und Terrasse auf eine ganze Menge Geräte verzichten. Wer in Kübeln, Kästen und Töpfen Gemüse zieht, benötigt nun mal keinen Spaten, wer keinen Rasen hat, keinen Rasenmäher und Laubrechen und eine Heckenschere ist auch nicht nötig.

● Alles im Blick, alles im Griff: Verstauen Sie Werkzeug, das oft gebraucht wird, leicht zugänglich.

- Handschaufel, **Blumengabel** und **Hand-rechen** lassen sich auf Balkon und Terrasse genauso vielseitig wie im Garten einsetzen.
- Man sagt, eine **Gartenschere** sei das wichtigste Werkzeug des Gärtners – und das gilt natürlich auch für Balkongärtner. Probieren Sie die Schere auf jeden Fall aus, sie sollte gut in der Hand liegen. Es gibt Modelle für Rechts- und Linkshänder und solche für große und kleine Hände.
- Zum Gießen brauchen Sie auf jeden Fall eine oder besser zwei **Gießkannen**. Wer es komfortabler mag, installiert eine Schlauchkupplung auf den nächstgelegenen Wasserhahn in der Wohnung, z.B. in der Küche, und kann dann m it dem Schlauch gießen.
- **Draht und Schnur** (nicht aus Kunststoff) dienen als Bindematerial. Besonders praktisch sind Drahtkordeln, mit Papier umwickelte Drahtstücke, zum Befestigen und Aufbinden.
- Und als letztes Utensil sind **Kabelbinder** einfach unverzichtbar. Sie sind ideal, um alle nur erdenklichen Dinge miteinander zu verbinden, ohne dass man bohren, nageln, schrauben oder hämmern muss.

Pflanzgefäße

Auf dem Balkon gibt es naturgemäß keinen Erdboden, deshalb müssen die Pflanzen immer in Gefäßen, Kästen oder Töpfen – gleich welcher Art – kultiviert werden. Die Auswahl ist riesig und weder bei Formen und Farben noch beim Material bleiben Wünsche offen. Da ist für jeden Geschmack etwas dabei.

✳ Sollen in die Fassade Löcher gebohrt werden, muss unbedingt der Vermieter gefragt werden.

✳ Fast jeder Balkon hat Streben, an denen Kabelbinder als Befestigungen angebracht werden können.

- **Tontöpfe** sind der Klassiker. Beachten Sie, dass die Pflanzen etwas häufiger gegossen werden müssen, da durch die poröse Tonwand Feuchtigkeit verdunstet.
- **Metallgefäße** sind bedingt geeignet, da sie sich schnell erhitzen können. Vorsicht: Auf den Boden gestellt, hinterlassen sie Rostspuren, die nicht mehr entfernt werden können.
- **Kunststofftöpfe und Pflanztaschen** zum Aufhängen fürs vertikale Gärtnern sind leicht und in vielen Formen und Farben erhältlich.

Rechtliches

Selbst wer eine Eigentumswohnung bewohnt, kann auf dem Balkon oder der Terrasse nicht alles machen, was er gerne möchte. Im Gegensatz zu den eigenen vier »Innenwänden« sind Balkon, Geländer, Fassade und Fensterrahmen oft Teil des Gemeineigentums oder es gelten bestimmte Regeln für die Gestaltung. Und für Mieter gilt generell: Bei allen Eingriffen besser den Vermieter fragen oder informieren. Es wäre schließlich schade, wenn man seine schönen Einbauten, Geländerverkleidungen oder Wandregale wieder entfernen muss.

Fassade

Sie dürfen die Fassade des Balkons nicht verändern. Farbanstriche und dergleichen sind tabu. Abhilfe können Sie jedoch mit Stoffverkleidungen oder berankten Wandspalieren schaffen.

Anbringen von Halterungen

Fragen Sie auf jeden Fall Ihren Vermieter, bevor Sie in die Außenfassade Löcher bohren, um Halterungen anzubringen. Bedenken Sie auch:

TIPP

Für Balkone gelten andere statische Vorgaben wie für Geschossdecken im Haus. Balkondecken sind in der Regel nur auf eine Last von etwa 300–350 kg/m² ausgelegt. Was sich auf den ersten Blick viel anhört, wird schnell relativiert, wenn man bedenkt, das ein mit feuchter Erde gefülltes »Balkonhochbeet« mit den Maßen $1 \times 0,5 \times 0,9$ m (L × B × H) schon gut und gerne 500 kg auf die Waage bringt – und das auf einer Fläche von nur einem halben Quadratmeter. Ziehen Sie bei größeren Balkoneinbauten wie Hochbeeten, Regalen und Wasserbecken immer einen Statiker hinzu!

Beim Auszug muss der Balkon im selben Zustand hinterlassen werden, wie Sie ihn vorgefunden haben bzw. bezogen haben. Löcher in Ziegeln oder einer Sandsteinfassade können nicht einfach wie in der Wohnung zugegipst und überstrichen werden.

Grillen

Dem einen leckeres Vergnügen, dem anderen eine rauchige Belästigung – Grillen in der eng bebauten Stadt ist schnell mit Konflikten behaftet. Generell produzieren Elektro- und Gasgrills zwar weniger Rauch als Kohlegrills. Aber auch sie sind nie völlig rauch- oder geruchsfrei. Achten Sie darauf, dass kein Rauch in die Wohnung darüber ziehen kann – Sie würden sich auch nicht freuen, wenn sich Ihr Schlafzimmer in eine Räucherhöhle verwandelt, weil die Nachbarn gegrillt haben.

Sichtschutz, Böden, Einrichtung

Wie in der Wohnung auch müssen Balkon und Terrasse erst einmal
»möbliert« werden. Mit dem richtigen Rahmen aus Sonnen- und Windschutz, einem schönen Boden und den passenden Möbeln wird es
wohnlich. Wenn das passt, können die Pflanzen einziehen.

Sonnenschutz & Windschutz

Noch mehr als im Garten kommt es auf Balkon und Terrasse auf einen guten Schutz vor Wind und (Sonnen-)Wetter an. Ohne Sonnenschutz wird es auf Balkon und Terrasse schnell ganz schön warm. Da der Raum jedoch begrenzt ist, sollte ein System gewählt werden, dass möglichst wenig Platz in Anspruch nimmt.

- Normale **Sonnenschirme** sind die Klassiker. Sie sind für den Balkon nur bedingt geeignet, da der schwere Fuß schnell im Weg ist und Platz wegnimmt. Es gibt spezielle Haltesysteme, mit denen der Schirm am Geländer befestigt werden kann.
- **Wandschirme**, also Schirme, die man an der Wand befestigen kann, sind ideal für kleinere Balkone. Sie bieten viel Freiraum, da kein Schirmstab oder -ständer im Weg steht. Voraussetzung für die Befestigung ist jedoch eine solide Außenfassade – und das Einverständnis des Vermieters. Bei mit Styropor isolierten Wänden wird die Befestigung schwierig.
- **Sonnensegel** werden permanent befestigt. Sie sind aus wetterfestem Gewebe oder Tuch und werden mit Ösen und Haken an der Hauswand, am Geländer oder der Decke des darüber liegenden Balkons angebracht. Sie müssen sturmsicher montiert sein und können dem Verlauf der Sonne nicht angepasst werden. Sie eignen sich besser für Terrassen.
- Aus ein paar Kanthölzern vom Baumarkt, die in mit Zement gefüllte Töpfe gestellt werden, und langen Stoffbahnen können Sie sich einen **Baldachin** bauen. Werden die Töpfe nur halb mit Mörtel gefüllt, (wie bei den Rankstäben auf Seite 70), können Sie die Kons-truktion sogar noch mit Rankpflanzen, die an den senkrechten Kanthölzern emporwachsen, begrünen.
- Noch einfacher ist es, an den Rändern eines Sonnenschirms lange **Stoffbänder oder -schals** zu befestigen. Ganz professionell geht es, wenn Sie am Rand des Schirms ein Klettband anbringen und das entsprechende Gegenband am Stoff. So können Sie den Schirm für sich nutzen oder als Baldachin. Damit die Stoffbänder schön glatt hängen, sollten Sie am unteren Saum beschwert werden – entweder durch ein eingenähtes Bleiband oder kleine Gewichte, die mit Klammern an die Stoffbahn gehängt werden.
- Praktisch sind auch fertig genähte **Schlaufenvorhänge**, die Sie an einem gespannten Draht oder einer Wäscheleine an der Decke des darüber liegenden Balkons aufhängen können. Der Stoff sollte nicht zu schwer, aber auch nicht zu leicht sein, damit er im Wind nicht so sehr flattert. Gut geeignet sind waschbare Stoffe aus Kunstfaser, da sie etwas wetterbeständiger sind als Baumwoll- oder Viskosefaserstoffe.

TIPP

Große Pflanzen sind als Wind- und Sonnenschutz auf dem Balkon weniger geeignet, da sie dem Wind viel Angriffsfläche bieten und man bei Hitze mit dem Gießen fast nicht nachkommt.

● Warum nicht mal was Neues: Mit farbigen Vorhängen oder Stoffschals verwandeln Sie Ihren Balkon in null Komma nichts in eine lauschige Loggia.

Geländerverkleidungen

Transparente Geländer haben Vor- und Nachteile. Einerseits wirken sie leicht und luftig. Der Balkon erscheint großzügiger, da man nicht nur über das Geländer blicken kann, sondern auch hindurch. Und man kann Blumenkästen und -töpfe auf den Boden davor stellen und sie begrünen. Weniger schön ist jedoch die Tatsache, dass nicht nur Aus-, sondern auch Einblicke möglich sind und es auf einem so offenen Balkon auch ganz schön zugig zugehen kann.

Abhilfe schaffen Sie mit einer Verkleidung, die aus unterschiedlichen Materialien bestehen kann. Die gängigsten und am einfachsten aufzubauenden sind folgende:

- **Stoffbahnen**, die am oberen Geländerrand befestigt oder zwischen den Streben durchgeflochten werden. Es gibt sie fertig in vielen Mustern und Farben. Hier ist jedoch eine gewisse Zurückhaltung angesagt, denn zu bunt sollten sie nicht sein. Je auffälliger und greller, desto schneller werden Sie sich an der Verkleidung sattsehen. Viel besser sind Klassiker aus weiß-blau, gelb-weiß, rot-weiß oder grün gestreiftem Stoff. Horizontale Streifen lassen den Balkon etwas größer erscheinen, da sie den Blick »in die Breite« ziehen. Senkrechte Streifen bieten sich vor allem bei langen, schmalen Balkonen an, da sie den Raum kompakter wirken lassen.

● Stoffbahnen aus wetterfestem Kunststoffgewebe lassen sich mit Schnüren ganz leicht und schnell am Geländer befestigen. Der Vorteil: Sie können sie ebenso einfach auf- wie abbauen. Abwechslung ist also kein Problem.

- **Schilf- und Bambusmatten** gibt es von der Rolle oder in vorgefertigten Längen. Auch die Breite (Höhe) ist variabel, sodass Sie genau die für Ihr Geländer optimale wählen können. Schilfmatten halten nicht so lange wie Bambus und müssen meist schon nach dem zweiten Winter ausgetauscht werden. Das gilt auch für Heidekrautmatten, die wegen ihrer Dicke nach Regen schlecht trocknen.
- **Bast- oder Strandmatten** sind perfekt, um als Balkon-Projekt zweckentfremdet zu werden. Sie sind flexibel, mit einem schönen Saum versehen, der die Ober- und Unterkante bildet, und sie können mit Acrylfarben angemalt oder bedruckt werden: Klassisch im Streifenmuster oder mit abstrakten Blüten, Blättern und Zweigen – Ihrer Fantasie sind keine Grenzen gesetzt.

TIPP

Legen Sie beim Bemalen von Bastmatten oder Stoffbahnen unbedingt eine Unterlage unter das Material. Die feuchte Farbe dringt durch das Gewebe durch und gelangt auf den Unterboden bzw. die Unterlage. Gerade wetterfeste Farben lassen sich nicht wieder so einfach entfernen. Auch beim Lackieren mit Spray müssen Sie darauf achten, dass keine Farbpartikel abdriften können und sich woanders niederschlagen. Halten Sie einfach ein großes Stück Pappe hinter das zu besprühende Objekt, und schon verhindern Sie unerwünschte Farbkleckse in der Umgebung.

● An senkrechten Geländerstreben können Sie ganz einfach Stoff- oder Bastmattenbahnen durchfädeln. Mit einer Schnur oder Kabelbindern werden sie oben so befestigt, dass sie nicht nach unten rutschen.

Sichtschutz aus Paletten

Materialliste

- 2 Europaletten (80 × 120 cm)
- 2 Kanthölzer (10 × 10 cm, ca. 140 cm lang)
- Wetterfeste Holzfarbe
- Töpfe mit Henkel zum Aufhängen
- Bunte Balkonblumen oder Kräuter
- Bandschleifer
- Pinsel
- Schrauben und Schraubendreher
- Bei Bedarf: Säge, Beton als Fundament

Europaletten sind unglaublich wandelbar, billig (etwa 10–20 Euro/Stück) und superstabil. Achten Sie beim Kauf oder bei der Beschaffung

✸ Jetzt wird es bunt: Mit bepflanzten Hängetöpfen ist die Wand im Handumdrehen begrünt.

darauf, dass die dicken Blöcke zwischen den Böden aus Massivholz sind, da diese viel länger halten als die billigen aus Pressspan. Sie können diesen Sichtschutz nach Belieben in der Höhe wie in der Breite anpassen. In meinem Beispiel wurde die zweite Palette in der Mitte durchgesägt, um eine Gesamthöhe von 120 cm (80 cm plus 40 cm) zu erreichen. Wird die Sichtschutzwand im Garten am Rand der Terrasse aufgestellt, können die senkrechten Kanthölzer in ein kleines Betonfundament gegossen werden, dazu müssen die Kanthölzer ca. 20 cm länger sein und unten überstehen. Auf dem Balkon steht die Palettenwand durch ihr Eigengewicht meist stabil genug, ggf. kann sie an einer Seite mit einem Winkel an der Fassade befestigt werden.

① Schleifen Sie die Paletten mit einem Bandschleifer ab, damit überstehende Spreißel entfernt werden. Sägen Sie die zweite Palette zu.

② Mit wetterfester Holzschutzfarbe erhält das Holz einen Anstrich. Ich habe einen neutralen Anthrazitton gewählt, da die Töpfe und Blumen schon genug Farbe auf die Wand bringen.

③ Wenn die Farbe trocken ist, geht es weiter: Um die beiden Paletten miteinander zu verbinden, werden die Kanthölzer in der Mitte durch die Palette geschoben. Mit 2–3 Schrauben pro Kantholz werden diese an den Paletten fixiert, damit das Ganze auch stabil ist.

④ Anschließend wird die zweite Palette einfach über die beiden Hölzer gestülpt und ebenfalls festgeschraubt. Hängen Sie zum Schluss einfach die verschiedenen Töpfe mit den Blumen an die Latten der Palette. Fertig!

Indoor-Outdoor-Vorhang

Materialliste

- Bambusvorhang bzw. Rollo
- Kabelbinder
- Schere
- Bei Bedarf: Haken oder Knauf zum Befestigen der Zugschnur

Mit diesem Rollo, das eigentlich für drinnen gedacht ist, schaffen Sie auf Ihrem Balkon im Handumdrehen eine ganz besondere Wohl-fühlatmosphäre. Das Rollo sorgt für Sichtschutz zu den Nachbarn, filtert die grelle Sonne in der Mittagszeit und sorgt für eine ganz besondere Lichtstimmung. Das Material ist relativ wetterfest

❋ Wohnzimmerfeeling auf dem Balkon: Das Bambus-rollo sorgt für behaglichen Sicht- und Windschutz.

und hält durchaus zwei oder drei Sommer, wenn es nach einem Regen schnell abtrocknen kann: Einfach herabrollen lassen und die Sonne übernimmt diese Aufgabe.

Hat die Sonne die Holzstäbchen ausgebleicht, können Sie mit einer auffrischenden Lasur oder einem Holzöl die Optik neu beleben. Dazu wird das Rollo am besten abmontiert, auf eine undurchlässige Unterlage gelegt und das Holzöl von beiden Seiten mit dem Pinsel aufgetragen.

① Ein Fertigrollo aus dem Baumarkt und eine Handvoll Kabelbinder. Mehr brauchen Sie nicht.
② Fädeln Sie die Kabelbinder durch die am Rollo angebrachten Aufhängeösen. Wenn die Kabelbinder zu kurz sind, können Sie auch ein-fach zwei oder sogar drei miteinander verbin-den. Hier wurden zwei Binder zusammenge-steckt, um das Rollo an einer Querstrebe über dem Geländer zu befestigen. Alternativ könnten Sie das Rollo auch mit kleinen Haken an der Decke des Balkons darüber fixieren.
③ Mit einer Schere oder einem scharfen Mes-ser werden die überstehenden Enden der Kabelbinder abgeschnitten. Vorsicht, nicht zu dicht, sonst rutschen die Binder aus der Öse.

Damit das fertige Rollo auch in der hochgezo-genen Position hält, ist ein Haken oder ein kleiner Knauf in der Nähe nötig, an dem Sie die Zugschnur festbinden können. Wenn der Vor-hang als permanenter Sicht- und Windschutz dient, kann er auch dauerhaft heruntergelassen seinen Dienst erfüllen.

Schöne Böden im Handumdrehen

Materialliste

- Fertige Holzfliesen oder Mosaikplatten mit Marmorbruch- oder Kieselbelag
- Bei Bedarf: Säge und Teppichmesser zum Zuschneiden

Nicht immer ist der Belag des Balkons optisch ansprechend oder gar wohnlich. Häufig hat man zwar einen tollen, großen Balkon, der Boden ist aber mit alten, verwitterten Fliesen belegt. Mit fertigen Holzfliesen oder Stein- bzw. Mosaikfliesen lässt sich jeder Balkon an einem

TIPP

Wenn Ihr Balkon oder die Terrasse regelmäßig bei Regen nass wird, sollten Sie eine Unterlage zwischen dem eigentlichen Bodenbelag und den Holz- oder Steinfliesen in Betracht ziehen. Bei länger anhaltender Feuchtigkeit oder Nässe kann sich der Balkonboden durch den Kontakt mit dem Holz oder den Steinen verfärben. Diese Verfärbungen lassen sich aus den Fugen oder auf porösen Oberflächen wie Estrich nicht immer restlos entfernen, was beim Auszug zu Problemen führen kann. Als Unterlage eignen sich Folien, die aber stabil genug sein müssen und auf denen die Holzfliesen nicht verrutschen. Lassen Sie sich dazu im Baumarkt beraten.

Nachmittag verschönern. Quadratische Holzfliesen gibt es in mehreren Größen, standardmäßig sind sie in den Maßen 30 × 30, 40 × 40 und 50 × 50 cm im Handel erhältlich. Kleiner Tipp: Große Fliesen lassen einen kleinen Balkon großzügiger wirken. Die Fliesenmaße sollten sich aber auch an den Maßen Ihres Balkons orientieren. Ist dieser beispielsweise 120 cm breit, bieten sich Fliesen mit einer Kantenlänge von 30 oder 40 cm eher an, da sie perfekt »ins Raster« passen und kein oder wenig Verschnitt anfällt. Holzfliesen werden entweder einfach auf den Boden gelegt oder haben eine Unterkonstruktion aus Kunststoff, durch die die einzelnen Fliesen aneinander»geklickt« werden. Diese sogenannten Klickfliesen lassen sich aber nur im Wechsel von Längs- und Querlatten verlegen; das Verlegen mit allen Latten in einer Richtung wie bei einem Holzdeck ist nicht möglich.

① Mit neuen Fliesen bekommt dieser triste Balkon im Handumdrehen einen neuen Belag.
② Klick an Klick werden …
③ … die Holzfliesen aneinandergefügt, bis die ganze Fläche belegt ist. Offene Bereiche an den Rändern mit Teilstücken füllen.
④ Auf Matten verklebte Kiesel werden ebenfalls einfach aneinandergelegt.
⑤ Marmorbruch, auf Matten oder Netze geklebt, kann genauso verlegt werden.
⑥ Am einfachsten geht die Reinigung von Holzdecks und Steinfliesen übrigens mit einem Staubsauger (bei Trockenheit). Solche Beläge mit einem Besen oder einem Wischmopp zu reinigen ist viel zu mühsam.

Holzfliesen & Kunstrasen

Materialliste

- Fertige Holzfliesen
- Kunstrasen
- Teppichmesser
- Bei Bedarf: Kunststofffilz, doppelseitiges Klebeband

Normaler Rasen würde selbst auf einer Dachterrasse mit Substratauflage nur schwer wachsen. Zu anspruchsvoll sind die Rasengräser, was ihre Wünsche nach Wasser, Nährstoffen und Sonne betrifft. Eine schöne, dauerhaftere Alternative ist Kunstrasen. Besonders gut kommt er in Kombination mit Holzfliesen zur Geltung.

✿ Das satte Grün und die warmen Holztöne ergänzen sich perfekt zu einem schönen Bodenbelag.

Messen Sie zunächst die Grundfläche Ihres Balkons bzw. des zu belegenden Bereichs aus und teilen Sie diese durch zwei. Das ist dann der Bedarf für die jeweilige Menge an Kunstrasen und Holzfliesen.

Gute Baumärkte bieten verschiedene Kunstrasen als Meterware von der Rolle an. Die hochwertigeren sind dabei kaum von echtem Grün zu unterscheiden – mit kleinen braunen »Halmen« inklusive.

Der Kunstrasen sollte ungefähr dieselbe Höhe haben wie die Holzfliesen, damit sich keine Stolperkanten bilden. Ist der Rasen niedriger als der Holzbelag, können Sie auch einfach eine Lage Kunststofffilz unter die Rasenplatten legen, damit diese etwas höher liegen.

① Mit dem Teppichmesser wird der Kunstrasen in quadratische Fliesen geschnitten. Da sie dieselbe Größe haben müssen wie die Holzfliesen werden diese einfach als Schablone verwendet.
② Vorsicht: Teppichmesser sind scharf wie eine Rasierklinge. Langsam schneiden, damit Sie nicht abrutschen und sich verletzen.
③ Die Holz- und Rasenfliesen werden abwechselnd im Karo-Verbund verlegt. Damit das Ganze stabil ist und nicht verrutscht, können Sie die Rasenfliesen auch an einer Stelle mit doppelseitigem Klebeband auf dem Untergrund fixieren.
④ So ein Karomuster sieht viel schöner und peppiger aus, als ein reiner Holzbelag oder Kunstrasen. Wird letzterer als einziger Belag verwendet, kann das schnell etwas spießig wirken.

Bemalte Holzfliesen

Materialliste

- Unbehandelte (nicht geölte) Holzfliesen
- Fußbodenfarbe für Holzböden
- Pinsel
- Latexhandschuhe
- Pinselreiniger oder Waschbenzin
- Alter Lappen
- Folie oder Zeitungspapier als Unterlage

Holzfliesen sind an und für sich ein perfekter Bodenbelag für Balkon und Terrasse. Sie isolieren gegen Wärme und Kälte, man bekommt also keine kalten Füße wie bei Stein- oder

---

TIPP

Fragen Sie im Baumarkt oder bei Ihrem Farbenhändler explizit nach einer Fußbodenfarbe für Holzböden und -treppen. Diese Spezialfarben, auf umweltfreundlicher Wasserbasis hergestellt, sind für die extreme Beanspruchung von Holztreppen und Holzfußböden wie Dielen entwickelt und haben einen sehr geringen Abrieb. Verwenden Sie normale Holzfarbe, wird diese beim Belaufen der Oberfläche schnell abgerieben, was nicht besonders schön aussieht. Wenn die Holzfliesen der Witterung ausgesetzt sind, sollten Sie mit einer schützenden (und überstreichbaren) Grundierung versehen werden.

Betonböden und scheint die Sonne auf den Balkonboden, erhitzen sich Holzfliesen bei Weitem nicht so stark wie Keramikfliesen, Beton- oder Steinböden. Messen Sie die Fläche aus und kaufen Sie die entsprechende Menge Holzfliesen – plus ein paar mehr als Reserve.

① Legen Sie sich alles Material zurecht, bevor Sie mit dem Streichen beginnen. Wichtig ist eine dichte Unterlage, am besten mehrere Lagen Zeitungspapier. Stellen Sie sicher, dass Sie genug Farbe kaufen. Auf der Packung steht, für welche Fläche der Inhalt ausreicht. Rechnen Sie ruhig etwas Puffer ein, da auch die seitlichen Kanten und die Rillen gestrichen werden bzw. zusätzliche Farbe aufnehmen.
Die Latexhandschuhe sind praktisch, weil man mit ihnen viel Gefühl hat, aber die Hände wenigstens einigermaßen sauber bleiben.
② Die Holzfliesen müssen sauber und trocken sein, und vor allem darf die Oberfläche als Holzschutzbehandlung nicht geölt worden sein. Das Öl würde verhindern, dass die Farbe ins Holz zieht und sich fest mit der Oberfläche verbindet. Sie würde schnell wieder abblättern. Achten Sie daher beim Kauf unbedingt darauf, unbehandelte Holzfliesen zu erwerben.
③ Streichen Sie die Fliesen in mehreren Durchgängen satt mit Farbe ein, damit diese tief in die Rillen und die Zwischenräume gelangt.
④ Damit später keine Holzfarbe mehr durchblitzt, müssen Sie auch die Kanten und Ränder gründlich streichen. Es macht nichts, wenn etwas Farbe auf das Kunststoffgestell des Klicksystems gelangt.

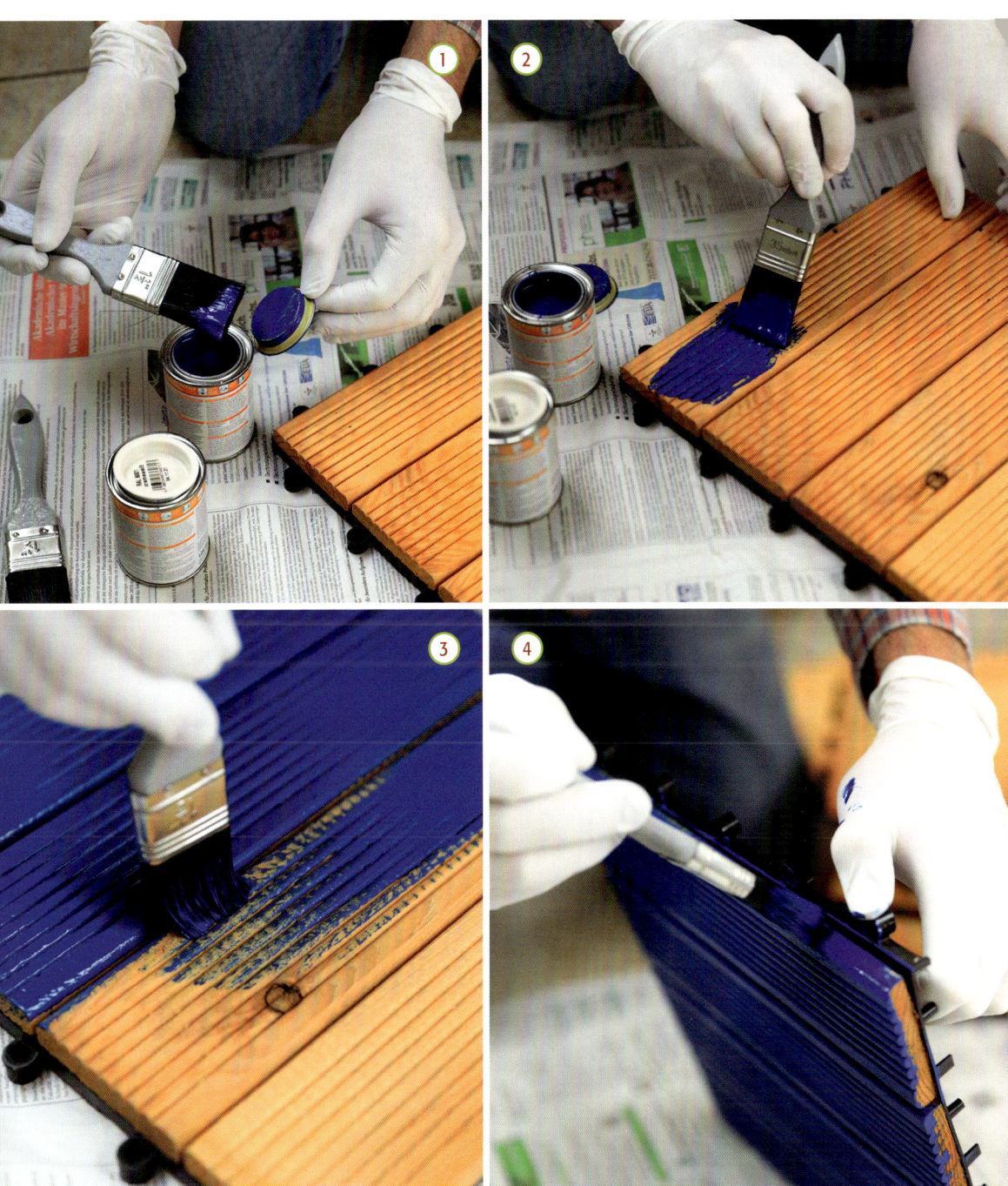

⑤ Das Schöne beim Selbststreichen der Holzfliesen ist die Möglichkeit, die Farbe zu variieren
bzw. den Boden wie ein Mosaik in zwei oder
sogar mehreren Farben zu gestalten. Legen Sie
sich die Anzahl der Holzfliesen entsprechend
der Farbe zurecht. Wechseln Sie für die zweite
Charge das Material – Pinsel, Handschuhe und
am besten auch die Unterlage –, damit keine
unerwünschten Farbkleckse sie verunreinigen.
⑥ Sollte doch etwas Farbe an die Hände oder
den Untergrund gelangt sein, lässt sich diese
leicht mit Waschbenzin oder Pinselreiniger und
einem alten Lappen entfernen. Die Hände gut
mit Seife und warmem Wasser waschen und
anschließend mit einer Handcreme einreiben –
sonst wird die Haut trocken
⑦ Sind die Fliesen völlig getrocknet – meist ist
das nach 24–48 Stunden der Fall –, können sie
verlegt werden. Kontrollieren Sie auch die
Unterkonstruktion, da sich hier oft noch nicht
ganz trockene Farbtropfen oder -nasen befin-
den, die dann auf dem Untergrund unschöne
Flecken hinterlassen würden.

TIPP

Die Fülle an Farben ist verführerisch,
jedoch eignen sich knallige oder sehr
leuchtende Farben wie Pink, Rot, Orange
oder Gelb weniger gut, da sie schwer mit
anderen Elementen kombinierbar sind.
Besser sind neutrale oder ruhige Töne,
Blau, Elfenbein- oder Cremeweiß, Mauve
oder gedeckte Grüntöne. Braun sieht
nicht gut aus, in dem Fall ist es besser,
die Fliesen in natura zu belassen.

✹ Die trockenen Fliesen werden einfach aneinandergeklickt und verlegt. Achten Sie darauf, dass die Latten der beiden Farben immer in die jeweils selbe Richtung zeigen, das wirkt insgesamt ruhiger und angenehmer.

Outdoor-Teppiche

Draußen wohnen

Outdoor-Teppiche verwandeln Ihren Balkon, die Terrasse oder eine Loggia wirklich in einen zusätzlichen Wohnraum. Wenn Sie den Balkon oder die Terrasse im selben Stil gestalten wie Ihre Wohnung bzw. die angrenzenden Zimmer, wird der Übergang nahtlos. Dazu noch ein paar schöne Loungemöbel mit bequemen Kissen, ein Regal und ein Beistelltisch und das Balkonzimmer ist perfekt.

In den letzten Jahren haben verschiedene Hersteller immer neue Modelle entwickelt, einfarbig oder gestreift, mit geometrischen Mustern oder einfach nur bunt. Die Auswahl ist groß und so bleiben keine Wünsche offen. Durch die glatte Oberfläche lassen sie sich leicht reinigen und sind sehr angenehm beim Belaufen – und das auch barfuß. Manche Modelle haben beidseitig verwendbare Seiten mit unterschiedlichen Farben wie der Teppich in Bild 3: Die eine Seite ist blau mit weißen Sternen, die andere weiß mit blauen Sternen. So sorgen Sie zusätzlich für eine willkommene Abwechslung.

① **Einladend:** Ein kleiner Läufer führt von der Terrasse in die Wohnung.
② **Stylish:** Wie wäre es mit einem schwarzweißen ganz privaten Zebrastreifen?
③ **Maritim:** An diesem klassischen Muster werden Sie sich nie sattsehen können.
④ **Ton in Ton:** Der Teppich fügt sich perfekt in das Farbklima der Türen ein.
⑤ **Geometrisch:** Nicht nur praktisch und wohnlich, sondern schon fast ein Kunstobjekt.
⑥ **Farbenfroh:** Da sind die Balkonblumen nahezu schon überflüssig.

Checkliste für die Auswahl

- Pflegeleichtes Kunststoffmaterial
- Recycling-Material, ja oder nein?
- Rutschfest bei Nässe
- Nicht zu dick, damit der Untergrund nach einem Regenguss schnell abtrocknen kann.
- Leicht zu reinigen, vielleicht sogar in der Waschmaschine waschbar?

❋ Kunststoffteppiche sind robust und sorgen für eine wohnliche Atmosphäre auf dem Balkon.

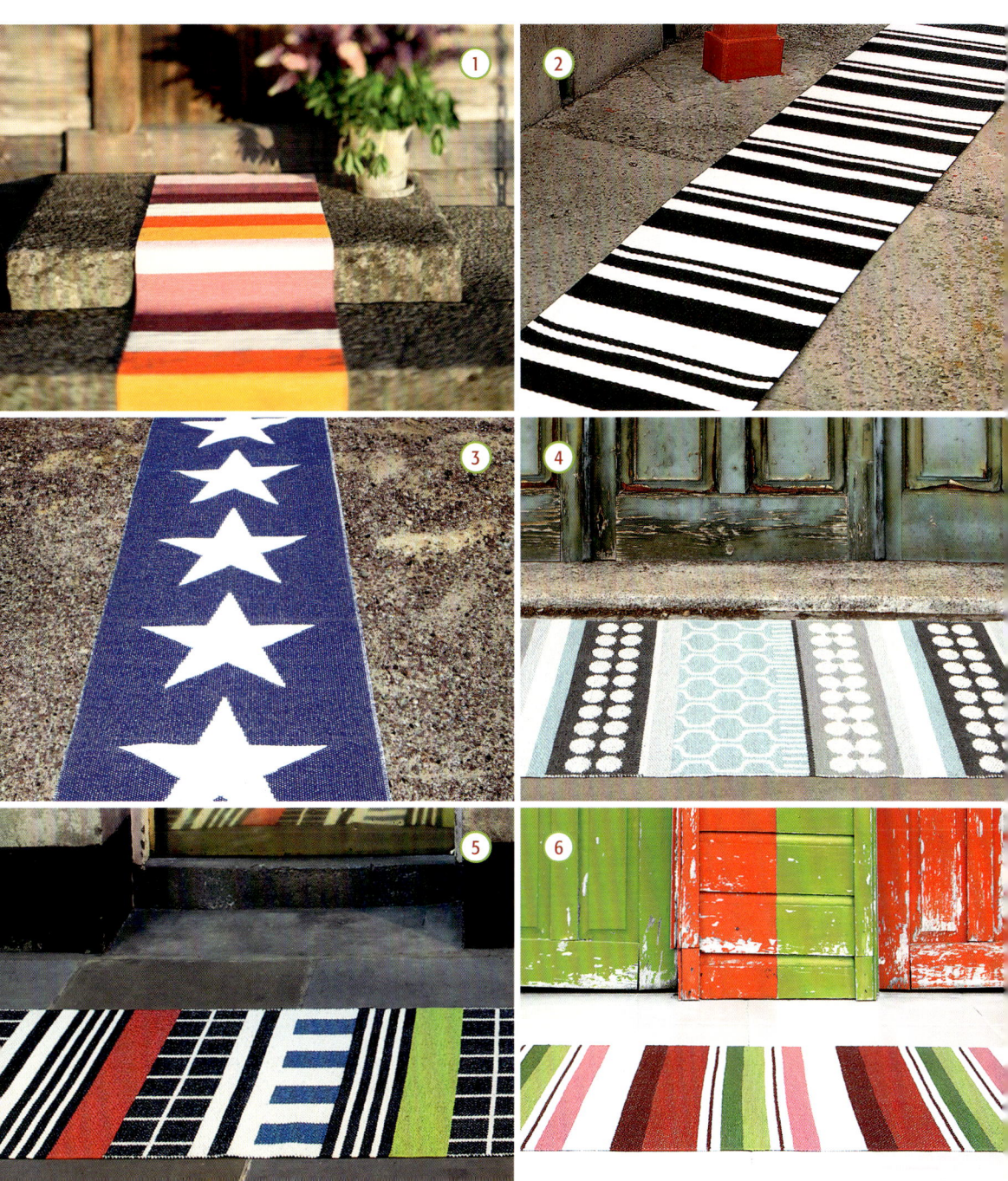

Möbel aus Paletten

Vielseitig & flexibel

Paletten sind einfach genial und es ist viel zu schade, sie nach Gebrauch zu entsorgen. Es gibt standardmäßig drei Größen. Die meistbenutzte ist die Europalette, eigentlich »Europoolpalette« genannt, mit einer Länge von 120 cm, einer Breite von 80 cm und einer Höhe von ca. 14,5 cm. Etwas größer sind Industriepaletten mit 120 × 100 cm. Die Düsseldorfer Palette ist mit 80 × 60 cm halb so groß wie eine Europalette und wird deshalb auch »Halbe Palette« genannt. Diese Angaben sind wichtig, denn der Bau von Möbeln aus Paletten ist viel einfacher, wenn das Rohmaterial dieselbe Größe hat.

● Zwei Paletten ergeben eine Bank, dazu noch ein Tisch aus einer Palette: Fertig ist die kleine Sitzgruppe.

Paletten lassen sich fast unbegrenzt in jede Art von Möbeln verwandeln: Tische, Bänke, Sessel, Stühle, Liegen, Bettgestelle, Hocker, Regale … die Bandbreite ist riesig. Am einfachsten lassen sich Tische aus einer Palette zusammensetzen.

Oberflächenbehandlung

Die Holzoberfläche der Paletten ist von Natur aus rau und unbehandelt. Daher sollten Sie die Paletten auf jeden Fall abschleifen, damit sie sich nicht an Spreißeln verletzen oder Kissen einreißen. Dabei wird auch Schmutz entfernt. Alternativ können Sie Glas- oder Holzplatten bei Tischen verwenden.

Da Paletten in der Regel nicht mit Holzschutzmitteln oder dergleichen behandelt werden, haben Sie bei der Farbgestaltung freie Hand: Ölen, lasieren, streichen – alles ist möglich.

① **Simpel und doch genial:** Für diesen Couchtisch werden einfach zwei Paletten übereinandergelegt, eine Glasplatte dient als oberer Abschluss. Bei den Sesseln schützt eine Abdeckung mit einer Sperrholzplatte die Polster vor Beschädigungen durch Spreißel.
② **Loungesessel:** Eine Palette bildet die Sitzfläche, die Seitenteile von zwei weiteren die Lehnen und die Rückwand. Aus einem Kantholz werden die Füße gebaut und mit einem Brett verbunden. Polster ganz simpel: Ein passendes Brett mit Schaumstoff belegen, Stoff darüberspannen und auf der Unterseite festtackern.
③ **Immer mobil:** Fertige Möbelrollen lassen sich einfach unter Paletten anschrauben.

Sitzbank aus einer Überseekiste

Materialliste

- Überseekiste
- 4 Möbelfüße
- 2 Holzleisten, 40 × 20 mm, Länge = Tiefe der Kiste
- Sperrholzplatte, Maße wie die Innenmaße der Kiste
- Passendes Schaumstoffpolster, etwas breiter, um es vorne über den Rand zu ziehen.
- Stoff als Überzug
- Selbstschneidende Spaxschrauben
- Akkuschrauber oder Schraubendreher
- Tacker
- Kissen

Überseekisten bekommen Sie bei international tätigen Speditionen oder Sie recherchieren auf den einschlägigen Kleinanzeigenportalen im Internet (siehe S. 92). Die Kisten bestehen aus glatt gehobelten, unbehandelten Brettern oder Sperrholzplatten und sind unglaublich stabil.

Die Sitzfläche besteht aus einer mit Schaumstoff und Stoff bespannten Sperrholzplatte, die auf zwei Leisten gelegt wird. So entsteht unter dem Sitz Stauraum für Zeitschriften und dergleichen. Die Kiste können Sie auch mit Farbe bunt bemalen oder lasieren. Ein Schutzanstrich ist auf jeden Fall sinnvoll, wenn die Sitzbank einmal einen Regenschauer abbekommen kann.

✺ Auf der Unterseite werden an den Ecken mit etwas Abstand zum Rand vier fertige Möbelfüße angeschraubt.

✺ Um eine Ablagefläche zu bekommen, befestigt man innen Leisten, auf denen das Sitzpolster aufliegt.

● Ein Rückenpolster sowie mehrere Kissen machen den Komfort in der Sitzhöhle für Balkon oder Terrasse perfekt. Da kann nicht mal der Strandkorb aus Sylt mithalten. Und im Winter kann das Möbelstück in die Wohnung umziehen.

Fahrbare Kissentruhe

Materialliste

- 2 Weinkisten
- 4 kleine Möbelrollen
- 2 Möbelscharniere oder Scharnierband
- Metermaß oder Zollstock
- Bleistift zum Markieren
- Schrauben
- Schraubendreher oder Akkuschrauber
- Bei Bedarf: Knauf oder Griff, Bohrmaschine, Holzfarbe oder -lasur und Pinsel

Sie möchten auf dem Balkon bequem und komfortabel sitzen, aber nicht ständig die dazu nötigen Kissen von draußen nach drinnen ver-

räumen, damit sie nachts oder bei Regen nicht feucht werden? Mit dieser kleinen Kissentruhe können Sie zumindest ein paar kleine Sitzkissen verstauen. Auch bei diesem Projekt kommt das Allroundtalent Weinkiste zum Einsatz.

① Schrauben Sie die Rollen auf die Ecken der einen Kiste. Die Schrauben dürfen nicht zu lang sein, denn wenn sie innen durchs Holz spießen, werden die Kissen beschädigt. Pro Möbelrolle reichen zwei Schrauben, auch wenn die Roller drei oder vier Bohrungen haben.
② Drehen Sie die Kiste zur Seite und legen Sie die zweite daneben. Sie wird den Deckel bilden. Messen Sie von beiden Seiten mit dem Zollstock den Abstand der Scharniere ab und markieren Sie ihn mit dem Bleistift. 8–10 cm von jeder Seite reichen.
③ Mit kleinen Holzschrauben werden die Scharniere festgeschraubt.
④ Zum Schluss noch das Loch für den Knauf bohren und denselben einschrauben.

Die Truhe bietet drei bis vier kleinen Sitzkissen Platz und schützt sie nachts vor Feuchtigkeit. Da Ober- und Unterteil nur lose aufeinanderliegen, ist die Kiste nicht geeignet, um die Kissen bei Dauerregen vor Nässe zu schützen. Natürlich können Sie die Truhe auch mit Holzschutzfarbe oder -lasur verschönern. Wenn Sie sie auch innen streichen, ist es wichtig, dass die Farbe wirklich trocken ist, damit die Kissen keine Flecken bekommen. Trotzdem kann es bei Feuchtigkeit vorkommen, dass das Gewebe verfärbt wird. Also besser innen nicht streichen.

❋ So sind die Kissen schnell zur Hand, wenn Besuch kommt. Zugeklappt bietet die Truhe etwas Abstellfläche.

Kistenregal

Materialliste

- Alte Obst- oder Weinkisten
- Holzblöcke
- Bretter oder Dielen/Planken
- Wasserwaage
- Haken
- Winkel
- Schrauben
- Dübel
- Schraubendreher oder Akkuschrauber

Dieses Projekt ist ein perfektes Beispiel für Recycling bzw. das so beliebte Upcycling, also den Trend, aus alten Gegenständen etwas Neu-

❋ Auf einmal herrscht Ordnung, und das (fast) zum Nulltarif: ein Regal aus alten Kisten und Brettern.

es, Wertvolleres zu schaffen. Dieses Regal besteht aus alten Brettern bzw. Planken eines in die Jahre gekommenen Holzdecks und jeder Menge ausgedienter Obstkisten. Sie können es auch mit anderen kleinen Kisten und Kästen kombinieren und sich so ein vielseitig einsetzbares Outdoor-Regal für Werkzeuge, Utensilien, Töpfe und dergleichen bauen.

Wird das Regal unter einem Dach aufgebaut, wo es vor Regen und Nässe geschützt ist, können Sie auch Kissen darin aufbewahren.

Bauen Sie das Regal nur eine »Etage«, also eine Obstkiste hoch, ist es durch das Eigengewicht stabil genug. Wenn Sie mehrere Bretter zu Regalböden aufschichten, sollten Sie die Bretter und Kisten miteinander verschrauben und das Regal mit einem oder zwei Metallwinkeln an der Wand befestigen, damit es nicht kippen oder umfallen kann. Mehrere Schraubhaken, an der Unterseite der Bretter angebracht, bieten praktische Aufhängemöglichkeiten für kleine Handwerkzeuge.

① Der Platz für das Regal sollte geschützt und am besten überdacht sein, damit Ihre Utensilien bei Regen nicht nass werden.
② Holzblöcke bilden die Füße des Regals. Alternativ können Sie auch Ziegelsteine verwenden. Auf sie wird das unterste Brett gelegt. So bleibt das Regal von unten trocken. Anschließend folgen die Weinkisten als tragende Seitenteile. Wünschen Sie mehr Stabilität, können Sie Kisten und Bretter miteinander verschrauben.

Topf-Grill

Materialliste

- Großer Aluminiumtopf
- Grillrost, Durchmesser entsprechend dem Topf bzw. etwas größer
- Metermaß oder Zollstock
- Weicher Bleistift
- Bohrmaschine mit Metallbohrer
- Schmirgelblock
- Sandpapier
- Handschuhe
- Schutzbrillle
- Ziegelsteine als Unterlage für den Topf, damit der Untergrund keinen Schaden nimmt.

TIPP

Da die Hitzeabstrahlung vom Topfboden enorm ist, müssen Sie bei diesem Grill Ziegelsteine zur Isolierung und als Abstandhalter zum Boden unterlegen. Wenn er wie hier auf dem Rasen aufgestellt wird, leidet höchstens das Gras, das ja nachwachsen kann. Auf dem Balkon oder der Terrasse kann der Belag jedoch Schaden nehmen. Stellen Sie den Grill daher auf eine mindestens drei Lagen hohe Ziegelschicht. Höher sollten die Backsteine jedoch nicht gestapelt werden, da die ganze Konstruktion sonst instabil wird. Einen umgekippten Topf mit glühenden Kohlen mag schließlich niemand auf dem Balkon haben.

Auch ohne Garten müssen Sie auf ein sommerliches Grillvergnügen nicht verzichten. Dieser praktische Mini-Grill aus einem alten Topf ist in einer guten Stunde fertig gebaut. Der Grill ist leicht und kann dank der Griffe einfach wieder weggeräumt werden.

Markieren Sie mit einem Bleistift rund um den Topf im unteren Drittel Löcher, durch die später Sauerstoff an die Grillkohle gelangen kann. Es sollten mindestens zwei, bei hohen Töpfen besser drei Reihen sein, da sonst nicht genug Luft an die Kohle gelangen kann und die Glut nicht heiß wird. Der Abstand zum Topfboden beträgt etwa 5 cm. So bleibt genug Platz für die Asche, ohne dass sie an den Seiten herausrieselt. Nach dem Grillen wird sie, wenn sie völlig erkaltet ist, einfach im Hausmüll entsorgt.

① Setzen Sie den Bohrer vorsichtig mit der Spitze auf die markierten Bohrlöcher und bohren Sie langsam und mit Gefühl (nicht mit dem Schlagbohrer), damit sie nicht abrutschen.
② Die überstehenden Metallgrate werden vorsichtig mit einem Schmirgelblock entfernt. Aluminium ist ein relativ weiches Material, sodass dies kein Problem ist.
③ Der Topf wird zum Grillen auf Ziegelsteine gestellt und kann dann mit Holzkohle gefüllt werden. Ist die Glut heiß genug, kommt das Grillgut auf den Rost. Nach Gebrauch und wenn der Topf abgekühlt ist (Vorsicht, die Henkel werden heiß!) kann die Asche entsorgt werden.
Schöne Idee: Als Beistelltisch oder Sitzgelegenheit dienen umgedrehte Obstkisten.

Ziegel-Grill

Materialliste

- Mindestens 26 alte Ziegelsteine
- Ausrangiertes Backblech
- Gitterrost oder Grillrost
- Handfeger und Drahtbürste zum Reinigen

Falls Sie eine gepflasterte Terrasse oder einen Balkon mit einem hitzebeständigen Bodenbelag haben, können Sie auch einen kleinen »Garten-Grill« bauen. Durch die alten Ziegel hat er eine schöne Patina. Das Blech lässt sich – wenn die Holzkohle bzw. die Asche abgekühlt sind, leicht herausnehmen und reinigen. Wenn man den Grill gerade einmal nicht braucht, kann man ihn

✹ Hat ein Gartenfreund ein paar Ziegelsteine übrig? Mit Grillrost und Backblech wird daraus ein Terrassen-Grill.

in fünf Minuten abbauen und die Ziegel kompakt zusammengestapelt in einer Ecke aufbewahren. Wichtig ist, dass der Boden, auf dem der Grill steht, aus Stein oder Beton ist, ein Holzdeck oder Fliesen können durch die Hitzeabstrahlung Schaden nehmen und sich verformen oder reißen.

① Die Ziegel werden auf einem ebenen, hitzebeständigen Untergrund aufeinandergeschichtet. Die Breite des Ziegel-Grills ist von der Größe des Backblechs, das später eingebaut wird, abhängig. Einfach vorher abmessen, wie breit die Ziegel gelegt werden sollen. An den Ecken werden die Ziegel miteinander verzahnt gelegt, damit das Ganze stabil ist. Bei der zweiten und vierten Lage auf der Seite wird nur ein Ziegelstein aufgelegt und hinten eine Lücke gelassen. So gelangen Luft und damit Sauerstoff an die Kohle auf dem Blech. Auch unter dem Blech kann die Luft zirkulieren und es kommt somit zu keinem Hitzestau.
② Legen Sie Schicht für Schicht auf, langsam wird die U-Form des Ziegel-Grills erkennbar.
③ Auf die dritte Lage Ziegelsteine legen Sie das Backblech. Auf diesem werden später die Grillkohlen verteilt und entzündet. Die nächste Lage Ziegel wird einfach ein kleines Stück nach außen versetzt platziert.
④ Nach einer weiteren Lage Ziegelsteine legen Sie den Grillrost auf. Benötigen Sie weniger Hitze, schichten Sie eine weitere Lage Ziegel auf, damit der Abstand zum Grillrost größer wird. Deshalb ist es besser, noch ein paar zusätzliche Ziegel als Reserve zu haben.

Pflanz-Projekte

Wenig Grundfläche, dafür aber jede Menge Wände und Geländer. Balkone sind prädestiniert für trendiges Vertical Gardening. Aber auch Gewächshäuser, Rankgerüste für Kletterpflanzen und kreative Topfverkleidungen sind lohnenswerte Wochenend-Projekte. Legen Sie los!

Vertikale Flaschenwand

Materialliste

- Leere Wasserflaschen, 1,5 l Volumen (PET)
- Pro Flasche einen Topf mit vorgezogenen Kräutern
- Pro Flasche ca. 1,2 l Blumenerde
- Kunststoffseil
- Schere
- Metallspieß
- Kerze
- Nägel, Haken oder Schrauben (mit Dübeln) zum Befestigen der Schnüre an der Wand

Statt leere Wasserflaschen aus Kunststoff (PET, Polypropylen) wegzuwerfen bzw. sich das Pfand von 25 Cent pro Flasche zurückzuholen, kann man aus ihnen praktische Pflanzgefäße bauen.

① Erhitzen Sie den Metallspieß über der Kerze, damit lassen sich ganz einfach die Löcher in die Flaschen bohren: zwei Löcher jeweils am oberen und unteren Ende, durch die wird das Seil gezogen, und ein Loch mittig auf der Seite der Flaschen, die später oben ist. Das dient als Anfangspunkt zum Schneiden der Pflanzlöcher.
② Mit der Schere wird ein etwa 10 cm großes Loch in die Seite der Flasche geschnitten, durch die nachher die Kräuter hineingesetzt werden.
③ Befestigen Sie zwei Seile oben an der Wand. Fädeln Sie die Seile durch die Löcher der ersten, am höchsten hängenden Flasche. Damit sie nicht nach unten rutscht, wird die Schnur unter der Flasche einfach verknotet. Achten Sie auf eine waagerechte Ausrichtung.
④ Wenn alle Flaschen hängen, spannen Sie die Seile und befestigen Sie sie unten an der Wand. Dann werden die Flaschen ca. zwei Drittel mit Blumenerde befüllt, so bleibt noch genug Platz für die Substratballen der Kräuter.
⑤ Ziehen Sie die Kräuter vorsichtig aus dem Topf und setzen Sie sie in die Flaschen ein. Am besten arbeiten Sie sich von oben nach unten vor, da so die schon gepflanzten Flaschen beim Hantieren nicht im Weg sind. Kräuter wie Thymian, Rosmarin oder Oregano kommen ganz nach oben, da sie am meisten Licht brauchen. Mit weniger Sonne kommen Petersilie und die vielen verschiedenen Minzen zurecht.
⑥ Ganz zum Schluss werden die Kräuter mit einer Gießkanne vorsichtig angegossen.

❋ Pfefferminze eignet sich besonders gut, da sie schnell wächst und wenig anspruchsvoll ist.

🌿 Gut 20 verschiedene Kräuter finden an dieser Wand Platz – und das auf einer Grundfläche von weniger als 0,15 bis 0,2 m². An dieser Wand gedeihen verschiedene Minzen und Petersilie, die immer frisch geerntet werden können.

Kräutervorhang

Materialliste

- Bunte Töpfe aus Metall mit Bügeln zum Aufhängen. Ideal sind die etwas größeren mit einem Durchmesser von 13 cm oder mehr, da sie mehr Volumen haben und nicht so schnell austrocknen.
- Verschiedene mediterrane Kräuter im Topf (Größe entsprechend Topfdurchmesser), am besten Lavendel, Thymian, Rosmarin, Oregano, Berg-Bohnenkraut, Ysop und Salbei

Ein Sichtschutz muss nicht immer komplett blickdicht sein, um vor störenden Einblicken zu schützen. Meist reicht es aus, wenn man nur

das Gefühl hat, dass einem die Nachbarn nicht auf die Sonnenliege oder den Balkontisch schauen können. Dieser »Kräutervorhang« ist aber auch ideal, um unschöne Ausblicke, beispielweise auf Satellitenschüsseln und Antennen oder hässliche Fassaden, zu verbergen. Die Töpfe können nach Belieben umgehängt und abgeerntete Kräuter ausgetauscht werden.

① Setzen Sie die Kräuter mitsamt dem Übertopf jeweils in die Metalltöpfe.
② Jetzt heißt es »mix and match« – einfach aufhängen und so lange ausprobieren, bis die Kräuter- und Farbenkombination am schönsten aussieht und Ihnen gefällt.

TIPP

Pflanzen sind auf dem Balkon meist einer intensiven Sonneneinstrahlung ausgesetzt, und das gilt ganz besonders für diese aufgehängten Töpfe. Daher kommen für frei hängende Kräuter an Süd- oder Westbalkonen nur mediterrane Kräuter infrage. Sie kommen von Natur aus mit Hitze zurecht und nehmen es nicht gleich übel, wenn sie einmal etwas austrocknen. Damit sich der Wurzelballen nicht zu sehr erhitzt, sollten Sie jedoch trotzdem keine dunklen Töpfe verwenden. Zum Gießen nehmen Sie die Kräuter aus dem Übertopf, gießen einen kleinen Wasservorrat in den Übertopf und setzen das Kraut zurück.

❋ Berg-Bohnenkraut verträgt volle Sonne und Hitze. Es gehört in jede »Italienische Kräutermischung«.

✿ Über dem Rosmarin, der im normalen Balkonkasten wächst, hängen noch verschiedene Thymian- und Oregano-Sorten, Berg-Bohnenkraut und Salbei – ganz viele Kräuter der Provence auf ganz kleinem Raum.

Palettenkräuterbeet

Materialliste

- Palette
- Dränagefolie, wie sie bei der Dachbegrünung verwendet wird, oder auch Teichfolie
- Stabile Gartenschere
- Tacker mit Klammern
- Blumenerde
- Kräuter, Gemüse- und Erdbeerjungpflanzen
- Handschuhe und Gießkanne
- Wenn die Palette an einer Wand befestigt werden soll, benötigen Sie noch Winkelhaken und Dübel sowie je nach Untergrund (Holz, Ziegel, Beton) entsprechende Bohrer und Schrauben – oder Sie lehnen Sie einfach an.

❋ Salat, Obst und Kräuter und das alles auf einer winzigen Grundfläche – dafür aber auf drei Etagen.

① Schneiden Sie die Dränagefolie mit der Schere so zurecht, dass sie genau auf die Mittelstreben der Palette passt. Die »Hütchen« zeigen dabei nach oben – sie sind später die Mini-Wasserreservoire. Setzen Sie die Tackerklammern alle 5 cm, nicht weiter, da sich sonst die Folie später lösen kann, wenn sie vom Gewicht der Pflanzerde nach unten gedrückt wird. Drehen Sie zum Schluss die Palette um.
② Aus den Mittelholmen sind nun drei Pflanzkästen entstanden, die mit Blumenerde gefüllt werden. Wenn Sie empfindliche Haut haben, ist es besser, dabei zum Schutz leichte Gartenhandschuhe zu tragen.
③ Jetzt kommen die Jungpflanzen an die Reihe. Geeignet sind alle Arten und Sorten von Pflücksalaten, Kräuter und Erdbeeren. Kaufen Sie am besten »Frigo«-Erdbeeren. Das sind speziell vorbehandelte Erdbeerjungpflanzen, die durch eine Kältebehandlung ziemlich genau neun Wochen nach dem Pflanzen die ersten Früchte tragen. Eine gute Alternative sind Jungpflanzen, die schon Blüten haben.
④ Nach dem Pflanzen muss – wie immer – angegossen werden.

Das Erdvolumen, das den Pflanzen zur Verfügung steht, ist nicht besonders groß. Daher sollten Sie Ihren Palettenkräutergarten im Sommer regelmäßig gießen bzw. kontrollieren, ob die Erde feucht genug ist. Wenn es im Hochsommer heiß und trocken ist, kann das auch schon mal bedeuten, dass Sie morgens und abends wässern müssen – aber das gilt ja für alle Pflanzen in Töpfen und Kübeln auf dem Balkon.

Mini-Gewächshaus aus Weinkisten

Materialliste

- Weinkiste aus Holz
- Verschiedene Holzleisten als Rahmen:
  4 Stück, so lang wie die Kistenbreite
  2 Stück so lang wie die Kistenlänge
  2 Stück, so lang wie die Kistenhöhe
- Holzleisten mit eingefräster Nut:
  2 Stück, so lang wie die Kistenhöhe
  1 Stück, so lang wie die Kistenbreite
- Korken als Griff
- 2 kleine Scharniere mit passenden
  Schrauben
- 2 Glasscheiben: 1 × so groß wie die Kisten-
  grundfläche und 2 × wie die Seitenfläche

- Wetterfeste Farbe
- Pinsel
- Gummihammer
- Kneifzange
- Bastelkleber, evtl. scharfes Messer
- Latexhandschuhe
- Schraubendreher

① Schlagen Sie die eine Seite der Kiste vorsichtig mit dem Gummihammer heraus. An diese Stelle kommt später das Dach des Gewächshauses.
② Entfernen Sie alle überstehende Nägel oder Metallklammern mit der Kneifzange.
③ Kleben Sie die Nutleisten in der Mitte der Kiste an die Seiten. In sie wird später eine kleine Glasscheibe als Ablage geschoben.
④ Ein Farbanstrich schützt das ursprünglich unbehandelte Holz vor Feuchtigkeit.
⑤ Die breiten, flachen Leisten werden als Rahmen um die Scheiben für die Tür und das Dach geklebt. Tragen Sie dazu den Bastelkleber auf die Scheibe auf. Je nach Sorte muss dieser einen Moment antrocknen, bevor die Leisten auf die Scheiben geklebt werden. Die Farbe muss natürlich komplett getrocket sein. Sollte an den Rändern Klebstoff herausquellen, wird dieser erst dann mit einem scharfen Messer abgekratzt, wenn er nicht mehr feucht ist.
⑥ Schrauben Sie die Scharniere an die Kiste und dann erst an den Türrahmen. Zum Schluss den Korken auf die Tür kleben, das Dach auflegen und die Glasplatte als Zwischenboden einschieben. Fertig ist das Mini-Gewächshaus, das sich gut für die Pflanzenanzucht eignet.

❋ Lassen Sie die Tür tagsüber leicht offen stehen, damit sich die Luft im Inneren nicht überhitzt.

Pflanzregal aus einer Weinkiste

Materialliste

- Weinkiste
- Stift zum Markieren
- Metermaß der Zollstock
- Bohrmaschine mit Holz- und Steinbohrer
- Schrauben und Dübel
- Wasserwaage
- Bei Bedarf: wetterfeste Farbe, Pinsel

Ein Pflanz- oder Balkonregal ist im Handumdrehen aus alten Weinkisten gebaut. Das Holz kann, wie hier, unbehandelt bleiben, wenn es nicht feucht werden kann. Auf Balkonen, die bei Regen nass werden, sollten Sie das Holz mit

✿ Im Regal drin stehen Pflanzen geschützt, bekommen aber auch keinen Regen ab, deshalb gut gießen.

einer Lasur oder einem Farbanstrich schützen. Ohne Schutzanstrich bekommt das Kistenregal mit der Zeit eine schöne, silbergraue Patina. Wenn es feucht wird, beginnt das Holz jedoch zu schimmeln und wird morsch. Das Regal eignet sich nicht nur für Pflanzen, sondern auch als Ablage für Werkzeug, Dekoartikel oder Geschirr.

① Markieren Sie zuerst auf der Rückseite der Weinkiste die Bohrlöcher, durch die die Schrauben zur Aufhängung gesteckt werden.
② Als Abstand reichen 3 cm links und rechts von den Ecken völlig aus.
③ Mit dem Holzbohrer wird nun ein relativ großes Loch (ca. 5 cm) in die Rückwand gebohrt.
④ Messen Sie die Bohrlöcher für die Dübel und Aufhängung an der Wand aus. Am einfachsten geht das, indem Sie die Kiste an ihren Platz halten und die Löcher mit dem Stift an der Wand markieren. Damit das Regal waagerecht hängt, kontrollieren Sie vor dem Bohren mit der Wasserwaage die Lage. Achtung: Selbst wenn, wie hier, nur in die Fugen gebohrt wird, sollten Sie in einer Mietwohnung den Vermieter oder Hausverwalter um Genehmigung bitten.
⑤ Nachdem die Bohrlöcher in der Wand mit passenden Dübeln bestückt wurden, kann das Regal an die Wand geschraubt werden. Stecken Sie die Schrauben dazu von innen durch die Löcher. Sind die Löcher in der Rückwand groß genug, befestigen Sie zuerst die Schrauben oder Haken und hängen das Regal daran auf.
⑥ Lassen Sie ein bisschen Luft zwischen der Wand und dem Regal, aber nicht so viel, dass das Regal wackelt.

Gemüseleiter

Materialliste

- Anlehnleiter aus Holz
- 2 bis 3 Blecheimer mit Henkel
- Hammer und Nagel
- 2 bis 3 Haken mit Schraubgewinde

Eine Blumenleiter ist die perfekte Alternative zu Wandspalieren oder Hängekonstruktionen, wenn Sie vertikal gärtnern möchten, aber keine Haken oder andere Verankerungen in der Fassade oder Hauswand befestigen können oder dürfen. Die Leiter lehnt durch ihr Eigengewicht an der Wand und steht stabil, solange sie auf

dem Untergrund festen Halt findet. Durch die Haken unter den Sprossen stehen die Eimer, die als Pflanzgefäße dienen, sicher und können nicht umkippen und herunterfallen – ein Umstand, der einem das Gärtnern in der Vertikalen schnell verleiden kann, wenn man einfach Töpfe auf die Leitertritte stellen würde.

① Schlagen Sie mit einem Hammer und einem dicken Nagel Löcher in die Böden der Blecheimer. Sie dienen als Dränagelöcher, durch die überschüssiges Gießwasser abfließen kann, und verhindern so Staunässe.

② Als Nächstes werden auf der Unterseite der Tritte oder Sprossen die Schraubhaken befestigt. An ihnen werden …

③ … anschließend die Henkel der Eimer eingehängt. Probieren Sie mit den leeren Eimern aus, ob es besser ist, die Hakenöffnung nach hinten zur Wand oder nach vorne auszurichten.

④ Die Eimer werden wie große Blumentöpfe bepflanzt und dann von oben nach unten auf der Leiter platziert. Durch die versetze Anordnung erhalten alle Pflanzen ausreichend Licht.

Wem das gezeigte Beispiel mit der holzfarbenen Leiter und den eierschalfarbenen Eimern zu Ton in Ton ist, kann zu Pinsel und Farbe greifen. Entweder verleihen Sie der Leiter einen bunten Anstrich (mit wetterfester Holzfarbe) oder wählen einfach bunt lackierte Eimer. Verwenden Sie zum Bepflanzen nur gute Blumenerde – z. B. Hochbeeterde, die hält die Feuchtigkeit besser und kann mehrmals im Jahr frisch bepflanzt werden.

TIPP

Wenn Sie etwas Platz haben, können Sie mit mehreren Eimern ein rotierendes Anbausystem entwickeln. Der Vorteil: Wenn ein Eimer, beispielsweise mit Salat, abgeerntet ist, können Sie ihn von der Leiter abhängen und neu bepflanzen oder frisch darin aussäen. An seine Stelle kommt dann ein anderer Eimer mit Salat, der schon etwas gewachsen ist und schön aussieht. So haben Sie immer eine volle, üppig bewachsene Blumen- oder Gemüseleiter. Allerdings sollten Paprika und Tomaten nicht umgestellt werden. Sie bekommen einen Dauerplatz am unteren Ende der Leiter und können dort in Ruhe wachsen.

Vogelbauer-Ampel

Materialliste

- Alter Vogelkäfig oder ein neueres Modell im Shabby-Chic-Style
- Ampelpflanze(n)
- Kette, Haken und Draht zum Aufhängen

Kleine quadratische oder runde Vogelkäfige mögen zwar hübsch aussehen, sind aber für die Haltung von Gefiederten gänzlich ungeeignet. Wer heute Vögel artgerecht halten möchte, bietet ihnen eine großräumige Voliere, in denen sie nicht nur von Stange zu Stange hüpfen, sondern ganze Strecken fliegen können. Sie können aber ausgedienten alten Vogelbauern oder

✻ Auf Flohmärkten finden Sie eine große Auswahl an alten oder auf alt gemachten Vogelkäfigen.

neuen Flohmarktfunden ein zweites »Leben« geben, indem Sie sie als Blumenampel umfunktionieren. Im späten Frühjahr nach den Eisheiligen Mitte Mai mit klassischen Balkonblumen oder Ampelpflanzen bestückt, werden sie den ganzen Sommer bis in den Herbst zur Zierde auf Balkon und Terrasse. Die Pflanzen werden in passenden Pflanzschalen oder -gefäßen auf dem Käfigboden platziert oder direkt »in den Käfig« gesetzt, wenn dieser einen einigermaßen dichten Untersatz hat.

Top 10 Ampelpflanzen

- **Blaues Gänseblümchen** (*Brachyscome*) mit kleinen dunkelvioletten Blüten mit gelber Mitte. Halbschattig bis sonnig.
- **Elfenspiegel** (*Nemesia*) in Weiß, Rosa, Rot, Orange und Gelb. Sonnig bis halbschattig.
- **Elfensporn** (*Diascia*) blüht rosa, apricot und rötlich. Sonnig bis halbschattig.
- **Fächerblume** (*Scaevola*) in Blau oder Weiß. Volle Sonne.
- **Fleißiges Lieschen** (*Impatiens*) in Weiß, Rosa, Rot und Creme, auch gefüllt. Halbschatten bis Schatten.
- **Hänge-Pelargonie** (*Pelargonium*) in unzähligen Farben (außer Blau) und Formen. Sonne.
- **Männertreu** (*Lobelia*) blüht blau, violett, rosa oder weiß. Volle Sonne bis Halbschatten.
- **Petunie/Surfinie** (*Petunia*) in vielen Farben. Achten Sie auf regenfeste Sorten. Sonne.
- **Portulakröschen** (*Portulaca*) blüht in allen Farben. Verträgt Trockenheit. Sonne.
- **Zauberglöckchen** (*Calibrachoa*) erinnern an Miniatur-Petunien, sind aber robuster.

● Polster-Phlox ist ein perfekter Kandidat als Ampelpflanze. Er blüht lange und verträgt Hitze und Trockenheit. Dennoch sollten Sie täglich kontrollieren, ob gegossen werden muss.

Topfverkleidung mit Spalier

Materialliste

- Dickes Brett mit 2 Bohrungen, ca. 3 cm Durchmesser, als Halterung zum Flechten
- 10 dicke Haselnussruten, etwa doppelt so lang, wie der zu verhüllende Topf hoch ist
- 1 Haselnussrute als Abstandshalter
- Draht zum Fixieren
- Jede Menge dünne Weidenruten, frisch und biegsam. Getrocknete Ruten 24 Stunden in Wasser einweichen, bis sie weich und geschmeidig sind.
- Gartenschnur und -schere
- Metermaß oder Zollstock
- Hammer

❧ Das rustikale Weidengeflecht passt schön zu den bäuerlichen Duftwicken.

Diese rustikale Topfverkleidung ersetzt einen Übertopf und kann in fast jeder Größe hergestellt werden. Der Pflanztopf wird dabei von fünf Weidenpaneelen eingefasst.

① Die Weidenpaneele sollen so breit sein, dass fünf ausreichen, um einmal den Topf zu umschließen. Messen Sie mit einem Metermaß den Umfang des Topfes ab, um die Breite der Paneele ungefähr zu bestimmen. Dies ist der Abstand, indem die Haltebohrungen in das Brett gebohrt werden müssen. Stecken Sie zwei Ruten in die Löcher.

② Damit die oberen Enden nicht nach innen gebogen werden, wird ein dritter Stock als Abstandshalter provisorisch mit Draht zwischen den beiden befestigt. Dann können Sie die Weidenruten zwischen den Haselnussruten durchflechten (wie eine gelegte Acht), bis die gewünschte Höhe erreicht ist.

③ Schneiden Sie einen der beiden senkrechten Stäbe mit der Gartenschere ab und ziehen sie das Paneel vorsichtig aus der Halterung.

④ Wenn alle fünf Paneele fertig sind, werden sie um den Pflanztopf gestellt und oben und unten mit Schnur oder Draht aneinander befestigt. Die langen, überstehenden Ruten können zum Schluss wie ein Tipi an den Spitzen mit Schnur zusammengebunden werden. Sie dienen dann als Rankgerüst für Duftwicken, Schwarzäugige Susanne oder andere schnell wachsende Kletterpflanzen. Möchten Sie den Topf nicht für Schlingpflanzen verwenden, können Sie die langen Haselnussruten natürlich auch komplett abschneiden.

Sichtschutz mit Pflanzen

Materialliste

- Pflanzkübel aus Holz
- Fertiges Rankspalier, so breit wie der Kübel oder 4 Holzlatten mit passenden Schrauben
- Wäscheleine
- Pflanzerde
- Dränagematerial
- Wetterfeste Holzfarbe oder -lasur
- Pinsel
- Latexhandschuhe bei Bedarf
- Einjährige Schlingpflanzen, z. B. Prunkwinde *(Ipomoea),* Schwarzäugige Susanne *(Thunbergia),* Glockenrebe *(Cobaea)* oder Rosenkelch *(Rhodochiton).*

❋ Perfekter Sichtschutz in acht Wochen. Hier wachsen Prunkwinde und Schwarzäugige Susanne am Spalier.

Kletterpflanzen sind perfekt als Sichtschutz. Sie bilden eine lebendige grüne Wand und viele schmücken sich auch noch mit bunten Blüten. Sie stellen auch einen idealen Windschutz dar, da sie Zugluft bremsen, und sie verbessern durch die Verdunstung das Kleinklima. Was will man mehr? Einjährige Kletterpflanzen wachsen mehrere Meter in einer Saison, müssen aber jährlich neu gepflanzt werden.

① Nachdem das Spalier am Pflanztrog befestigt ist, können Sie dem Ganzen noch einen peppigen Anstrich verleihen. Wenn von beiden Seiten Sichtschutz gewünscht wird bzw. der Trog von vorne und hinten betrachtet werden kann, kommt der Spalierrahmen in die Mitte. Stellen Sie den Trog an einer Wand auf, kann der Rahmen auch bündig an der Trogrückseite befestigt werden.

② Schlingen Sie nun die Wäscheleine kreuz und quer durch den Rahmen, bis ein dichtes Geflecht entstanden ist. Spannen Sie die Schnur nicht zu fest, da sich sonst der Rahmen verzieht und instabil wird.

③ Nachdem der Kasten mit Dränageschicht und Pflanzerde gefüllt wurde, können die Kletterpflanzen eingesetzt werden. Lassen Sie sich nicht von der geringen Größe der jungen Pflanzen irritieren. Sie legen eine enorme Wuchskraft an den Tag und schlingen ihre Triebe in kurzer Zeit meterlang durch das Rankgerüst.

④ Jetzt wird noch gründlich angegossen. Die Triebe leitet man vorsichtig an die Schnüre heran. Das erleichtert ihnen das Schlingen und Festhalten an der Kletterunterlage.

Farbiges Rankgerüst

Materialliste

- Schnellzement
- Gießkanne und Wasser
- Alter Plastikeimer
- Handschaufel oder Mörtelkelle
- Handschuhe
- Schnur
- Übertopf
- Bunte Stangen (Äste, Bambus o. Ä.)
- Kletterpflanze, z. B. Falscher Jasmin

Kletterpflanzen in Kübeln zu halten kann manchmal eine ganz schöne Herausforderung sein. Durch den hohen, schlanken Wuchs wird

✳ Schnellzement, Wasser, einen Eimer und bunte Stangen – mehr brauchen Sie nicht.

die Pflanze trotz Topf schnell kopflastig und kann bei Wind oder beim Vorbeigehen, wenn man an den Trieben hängen bleibt, umkippen.

Mit dem hier vorgestellten Projekt kann das nicht so schnell passieren. Durch das Gewicht des Zements, der die Stangen zusammenhält, steht der Topf wesentlich stabiler und es ist schon ein ganz schön kräftiger Windstoß notwendig, um Topf und Pflanze umzukippen.

Geeignete Stangen

Als Kletter- oder Rankhilfe eignen sich im Prinzip alle Äste oder Bambusstangen. Wichtig ist, dass sie vor dem Einbauen gut durchgetrocknet sind und mit einem ungiftigen Holzschutzmittel behandelt bzw. mit einer Holzfarbe angestrichen wurden. Unbehandelt beginnt das Holz in der feuchten Topferde schnell zu verrotten und wird morsch. Selbst robuste Eichenäste halten kaum länger als eine Saison. Andererseits ist es auch nicht schlimm, ein solches Gerüst jedes Jahr im Frühjahr neu zu bauen, denn länger als eine gute Stunde und die Abbindezeit des Zements über Nacht brauchen Sie nicht. So können Sie Ihrem Balkon oder der Terrasse jedes Jahr ein neues Farbthema geben: orange mit Schwarzäugiger Susanne, rot wie hier gezeigt mit einer *Mandevilla*, pink mit Prunkwinde oder rosa oder weiß mit Duftwicken.

Statt gerader Stangen wie Bambus oder Haselnussruten und dergleichen können Sie auch verzweigte Äste einzementieren. Dabei müssen Sie jedoch beachten, dass das Rankgerüst nicht zu ausladend wird, denn sonst geht der Vorteil der Standfestigkeit schnell verloren und die Konstruktion kippelt.

Hinweis

Tragen Sie beim Anmischen und Arbeiten mit Zement unbedingt Handschuhe, da es sonst zu Hautreizungen kommen kann. Zementspritzer sollten sofort mit einem feuchten Lappen oder Schwamm aufgewischt werden, da sie sich kaum noch vom Untergrund entfernen lassen, wenn sie getrocknet sind.

① Gießen Sie die Menge Wasser in den Eimer, die Sie benötigen, um eine Zementmenge anzumischen, die der Hälfte des Eimervolumens entspricht (also ca. 2,5 l Wasser in einem 5-l-Eimer). Die Menge variiert je nach Zementmischung, die genauen Angaben stehen immer auf der Packung.

② Mischen Sie die Schnellzementmasse mit der Kelle in das Wasser, bis sich eine gleichmäßige, klumpenfreie Masse gebildet hat. Ist der Mörtel zu flüssig, können Sie vorsichtig noch etwas Zementpulver hinzufügen bzw. Wasser hineingießen, wenn die Masse zu fest ist.

③ Jetzt muss es schnell gehen, denn der Zement heißt nicht umsonst »Schnellzement«. Stellen Sie die im unteren Drittel zusammengebundenen Stangen in den Eimer. Die Schnur verhindert, dass die Stangen beim Abbinden des Zements verrutschen. Achten Sie trotzdem darauf, dass sie möglichst senkrecht stehen, und halten Sie die Stangen eine Zeit lang in Position, bis die Mörtelmasse im Eimer fest geworden und abgebunden ist. Wenn der Mörtel fest ist (mit dem Finger prüfen), kann das Rankgerüst über Nacht komplett aushärten.

④ Am nächsten Tag können Sie die Stangen mitsamt ihrem »Fundament« aus dem Eimer ziehen. Wenn sich der Zement nicht gleich löst, einfach den Eimer hin und her biegen oder gleich ganz aufschneiden.

⑤ Die Stangen kommen nun in das Pflanz-gefäß. Legen Sie ggf. ein paar flache Ziegelstü-cke o. Ä. auf den Topfboden, damit das oder die Wasserabzugslöcher nicht von dem Zement-block abgedeckt werden.

⑥ Anschließend kommt die Blumenerde in den Topf. Füllen Sie sie nach und nach ein und drücken Sie sie immer wieder fest an, damit der Zementblock gerade stehen bleibt und nicht wackelt.

Zum Schluss wird der Kübel mit einer Kletter-pflanze Ihrer Wahl sowie Sommerblumen oder Stauden unterpflanzt. Gut angießen und die ersten Tage noch etwas geschützter aufstellen, bis die Pflanzen eingewurzelt sind. Die Rank-pflanze bei Bedarf mit Schnur an den Stangen emporleiten, bis sie sich selbst festhalten kann.

TIPP

Statt mit Blumen können Sie den Topf auch mit Gemüse bepflanzen: Eine schlingende Feuer- oder Stangenbohne, mit buntblättrigem Mangold, Salat, Boh-nenkraut oder Roter Bete unterpflanzt, sieht klasse aus. Oder wie wäre es mit einer Tomate, zu deren Füßen Kohlrabi, Mangold, Staudensellerie, Basilikum oder Kapuzinerkresse mit ihren gelben, roten und orangefarbenen Blüten wachsen.

❋ Besonders schön sieht eine Ton-in-Ton-Bepflanzung aus. Hier klettert ein Falscher Jasmin *(Mandevilla)* 'Rio Red' an den Stangen empor, die Unterpflanzung besteht aus Pelargonien und Sumpfgarbe *(Achillea ptarmica* 'Gypsy White').

Mini-Kräuterspirale aus Tontöpfen

Materialliste

- Großer Tontopf, mindestens 25 cm Durchmesser
- Kleiner Tontopf
- Als Reserve 2–3 größere Tontöpfe, ca. 15–20 cm Durchmesser
- Hammer
- Pflanzerde
- Mediterrane Kräuter wie Thymian, Rosmarin, Oregano oder Berg-Bohnenkraut

Eigentlich ist dieser Kräutertopf keine richtige Kräuterspirale mit unterschiedlichen Zonen von trocken bis feucht und sonnig bis halbschattig.

🌼 Vier statt nur zwei bis drei Kräuter passen in diese Mini-Kräuterspirale aus einem alten Tontopf.

Aber sie erinnert zumindest entfernt an ihre große Schwester im Garten. Mit diesem Projekt können Sie mehr Kräuter in einen Topf pflanzen als in normale, gemischte Töpfe oder Kästen, da auch die Seite etwas ausgenutzt wird und die Pflanzen nicht nur oben im Topf wachsen.

① Schlagen Sie mit dem Hammer vorsichtig (!) eine Seite des großen Topfs heraus. Am besten arbeiten Sie sich von oben nach unten vor.
② Der Topfboden sollte mit einem Rand von etwa 5–10 cm Höhe erhalten bleiben. Auf das Wasserabzugsloch kommt eine kleine Scherbe. Dann wird die erste Schicht Erde eingefüllt und der vordere Rand bepflanzt.
③ Leicht versetzt eine runde Tonscherbe einsetzen, damit eine zweite Pflanzebene entsteht.
④ Auch diese wird mit Erde befüllt und mit Kräutern bepflanzt.
⑤ Als Spitze der Spirale wird ein kleiner Tontopf auf die oberste Erdschicht gesetzt.
⑥ Zum Schluss die letzten Lücken füllen und alles gründlich angießen.

Da die Kräuterspirale schneller austrocknet als ein normaler Blumentopf, fühlen sich feuchtigkeitsliebende Kräuter wie Petersilie oder Basilikum in diesem Etagentopf weniger wohl. Mediterrane Kräuter vertragen dagegen ein gelegentliches Austrocknen ganz gut.

Weitere mögliche Kandidaten sind verschiedene Sukkulenten wie Haus- und Dachwurze (Sempervidum, Jovibarba) oder die vielen Sorten und Arten der Fetthenne (Sedum).

Balkon-Tomatenhaus

Materialliste

- Holzlatten (ca. 20 × 40 mm):
  2 × 1,80 m lang (Senkrechte, Rückseite)
  2 × 1,60 m lang (Senkrechte, Vorderseite)
  4 × 0,50 m lang (Waagrechte, Seiten)
  5 × 1,00 m (Waagrechte, Rückwand, Dach, Frontrollo)
  2 × 55 cm (Dachschrägen)
- Durchsichtige PET-Folie: 7,50–8,00 m, 1,00–1,20 m breit
- Teppichmesser und Gartenschnur
- Selbstschneidende Schrauben, Akkuschrauber
- Kleine Säge, Tacker und Klammern

TIPP

Die Kraut- und Braunfäule wird von einem Pilz *(Phytophthora infestans)* verursacht, der in die Stängel und Blätter eindringt und die Leitungsbahnen der Pflanze verstopft. Die Blätter werden braun und sterben ab. Befallene Früchte (erkenntlich am dunklen Stielansatz) sind bitter und ungenießbar. Da die Sporen überall in der Luft vorkommen und von Wind und Regen verbreitet werden, schützt dieses Tomatenhaus die Pflanze vor einer Infektion, da sie bei Regen nicht nass wird. Wählen Sie zusätzlich robuste Sorten wie 'Philovita F1', 'Resi', 'De Berao', 'Tigerella' oder die kleinfrüchtigen 'Rote Murmel' und 'Golden Cherry'.

Dieses Balkon- oder Terrassengewächshaus ist perfekt, um Tomaten und andere wärmeliebende Gemüse wie Auberginen und Paprika anzubauen oder um im Haus vorgezogene Jungpflanzen langsam ans Freie zu gewöhnen.

① Bauen Sie aus den Latten den Rahmen. Legen Sie dazu die langen Holzlatten für die Seitenteile auf einen ebenen Untergrund und schrauben Sie die kurzen Seitenteile dazwischen. Zwei Schrauben pro Kontaktstelle reichen aus. Achten Sie darauf, dass die unteren Enden auf einer Höhe liegen, sonst wackelt das Haus später. Für das Dach werden die oberen Enden schräg abgesägt.

② Jetzt werden die Querverstrebungen angebracht – drei auf der Rückseite und eine vorne oben. Die fünfte Querlatte dient als Stange für das »Frontrollo«.

③ Schneiden Sie mit dem Messer die Folie in ein 4 m langes und ein etwa 3,5 bis 3,6 m langes Stück. Die längere Folienbahn bildet Rückwand, Dach und Front.

④ Wickeln Sie das vordere Ende der Folie einmal um die Rollolatte und tackern Sie sie fest.

⑤ Tackern Sie nun die Folie von hinten unten übers Dach bis nach vorne am Rahmen fest.

⑥ Schneiden Sie das zweite Folienstück längs durch, um die Teilstücke für die beiden Seiten zu bekommen, und tackern Sie nun noch die Folie an die Seitenteile.

⑦ Befestigen Sie zwei Schnurstücke (jeweils 30–40 cm lang) in einer Schlaufe mit zwei Schrauben am vorderen Trauf. In die Schlaufen können Sie die aufgerollte Front einhängen.

● Tagsüber sollte das Haus nicht komplett geschlossen sein, damit es sich nicht zu sehr aufheizt. Lassen Sie daher auch an den Seiten einen Spalt zwischen Folie und Boden offen.

Balkon-Hochbeet

Materialliste

- Hochbeet-Bausatz
- Schraubendreher oder Akkuschrauber
- Blähton als Dränage, Vlies zum Abdecken
- Pflanzerde
- Kräuter oder Salatjungpflanzen
- Bei Bedarf: 2–4 Rollen

Dieses Hochbeet hat den Vorteil, dass es durch sein geringes Volumen nicht zu schwer ist und dank der Rollen auch flexibler von einem Ort zum anderen transportiert werden kann. Normale Hochbeete, selbst kleinere, sind für Balkone nicht geeignet, da sie durch die Füllung zu schwer werden und die zulässige Gesamtlast überschritten wird. Der Raum unter dem Pflanzkasten kann als Ablage für Werkzeug, Töpfe und sonstige Geräte genutzt werden.

① Montieren Sie das Hochbeet nach der Anleitung und stellen Sie sicher, dass alle Schrauben fest angezogen sind.
② Füllen Sie zuerst eine Schicht Blähton als Dränage ein, dann kommt ein Vlies darüber und zum Schluss das Pflanzsubstrat. Es gibt im Gartencenter spezielle, torffreie Hochbeeterde.
③ Jetzt geht's noch ans Bepflanzen. In der lockeren Erde geht das ohne Schaufel. Einfach mit den Händen ein Loch formen, die Pflanze aus dem Topf nehmen, einsetzen und die Erde leicht andrücken.
④ Zum Schluss gut angießen, damit die Pflanzen schnell anwachsen.

Holzschutz

Wenn Sie das Hochbeet vor dem Bepflanzen mit einer wetterfesten Farbe streichen und das Kasteninnere mit einer Folie ausschlagen (Wasserabzug nicht vergessen), haben Sie noch länger Freude daran. Ohne Holzschutz bekommen die Bretter schnell eine silbrige Patina. Selbst wenn Sie wetterfestes Lärchenholz oder Eichenholz verwenden sollten, wird dieses nach spätestens drei bis vier Jahren durch den ständigen Kontakt mit der feuchten Erde morsch und verliert sein attraktives Äußeres. Für ein temporäres Hochbeetvergnügen reichen die gewöhnlichen Fichten- oder Tannenholzbretter, die man im Baumarkt bekommt, aber völlig aus.

✽ Variation gefällig? Mit etwas Geschick lässt sich das Hochbeet auch um eine Sitzfläche erweitern.

Der letzte Schliff

Ein schöner Boden, bequeme Möbel, bunte Balkonblumen, aromatische Kräuter oder knackige Balkongemüse – jetzt ist der Balkon fast komplett. Ein bisschen Deko kann nicht schaden und verleiht Ihrem Balkon den letzten Schliff. Und wenn die Deko auch noch praktisch ist und (fast) umsonst – umso besser!

Deko oder Möbel?

Klapptische und Ablagen

Je kleiner der Balkon, desto mehr Kreativität ist beim Einrichten gefragt. Auch lange, schmale Balkone oder solche über Eck verlangen nach Einrichtungsmöglichkeiten, die nicht viel Platz brauchen, multifunktional sind oder zusammengeklappt werden können.

Eine simple Ablage am Geländer können Sie sich aus einem Brett und Balkonkastenhalterungen basteln. Statt einen Pflanzkasten an der Außenseite des Geländers zu befestigen wird die Halterung einfach nach innen zeigend an-

TIPP

Schnäppchen gefällig?

Warten lohnt sich. Wenn im März/April die Garten- und Balkonsaison beginnt, ist das Angebot an neuen Balkonmöbeln zwar riesig und unglaublich verlockend. Richtige Schnäppchen können Sie aber erstehen, wenn Sie Ihre Geduld zügeln und ein paar Monate warten. Ab September/Oktober steht in den Gartencentern und Möbelhäusern der Kollektionswechsel an und das heißt: Alles muss raus! Viele Stühle und Tische sind nun radikal reduziert. Fragen Sie im Sommer gezielt nach Ausstellungsstücken, denn auch diese sind oft günstiger zu haben. So kann der nächste Sommer kommen!

gebracht und statt des Kastens ein Brett eingelegt. Auch schön: Einfach eine kleine Palette an die Wand stellen, ggf. mit zwei Winkeln an der Wand befestigen und als Regal nutzen.

① Diesen Klapptisch aus Metall können Sie einfach am Geländer oder wie hier an einer Ablage aus alten Paletten aufhängen. Wird er nicht gebraucht, klappt die Auflage nach unten und das Ganze ist nicht mehr als 5 cm tief.
② Nach demselben Prinzip funktioniert dieses Modell aus Holz, das perfekt zu den Stühlen passt. Holzmöbel peppen Sie bei Bedarf ganz einfach mit einem frischen Farbanstrich auf.
③ Luftig und leicht wirkt dieser Hängetisch. So wird der Blick durch das Geländer nicht gestört. Passend zum leichten Stil: die stapelbaren Metallstühle und das weiße Pflanzenregal.
④ Ein Tisch? Eine Ablage? Eine Bank? Eine Kissentruhe? Alles in einem! Der lange, schmale »Schlauch-Balkon« wird durch die maßgeschneiderte Banktruhe am Ende optisch verkürzt und man gewinnt auch noch einen Stauraum dazu. Was will man mehr?

Öfter mal was neues

Während die Einrichtungsbasics wie Boden und Möbel eher neutral gehalten werden sollten, können Sie immer wieder neue Farbakzente mit Kissen, Tischdecken und den Servietten setzen. Und wenn Sie dann noch die Töpfe und Pflanzgefäße farblich passend dazu auswählen, wird der Balkon wie aus einem Guss wirken.

Besteckmobile

Materialliste

- Jede Menge altes versilbertes Besteck
- Bohrmaschine
- Metallbohrer
- Flach- und Rundzange
- Basteldraht oder Nylonschnur
- Schutzbrille
- Arbeitsunterlage oder alte Zeitung
- Bei Bedarf: Perlen, Federn, Muscheln etc.

Dieses Besteckmobile ersetzt jedes gekaufte Windspiel. Das Besteck bekommen Sie am besten auf einem Floh- oder Trödelmarkt. Altes Silberbesteck ist dazu ideal, es muss natürlich kein Sterling sein, versilberte Messer, Gabeln und Löffel reichen völlig aus. Edelstahlbesteck ist weniger geeignet, da es sich nur schwer bohren und biegen lässt. Tragen Sie beim Bohren unbedingt eine Schutzbrille, denn die Metallspäne sind sehr scharf. Nach dem Bohren den Balkon gründlich fegen oder noch besser mit dem Staubsauger alle Metallspäne entfernen, bevor man wieder barfuß läuft. Noch ein Tipp: Kaufen Sie mehr Besteckteile, als sie für das Mobile brauchen. Manche Teile haben einen so harten Metallkern unter der Versilberung, dass das Bohren fast unmöglich ist. Auch kann es passieren, dass die Zinken der Gabeln beim Biegen brechen. Also besser vorher ein paar mehr Teile einkaufen.

① Legen Sie Besteckteile über eine abgedeckte Tisch- oder Arbeitsplattenkante. Vorsichtig (!) den Bohrer ansetzen und langsam ein Loch in den Griff bohren. Messerklingen lassen sich **nicht** bohren! Läuft die Bohrmaschine zu schnell, besteht die Gefahr, dass der Bohrer abrutscht und Sie sich verletzen.
② Die Zinken einer Gabel mit der Zange umbiegen, zwei nach links, zwei nach rechts, oder auch fächerförmig.
③ Die Zinkenenden hakenförmig umbiegen.
④ Feinen Basteldraht um die Zinkenenden wickeln und verzwirbeln. Das geht mit einer Rundzange am besten. Alternativ Nylonschnur verwenden. Daran dann die anderen Teile aufhängen. Auf die Schnüre können Sie auch noch Perlen, Glassteine, Federchen oder Muscheln auffädeln und das Mobile verschönern.

✸ Einfach, aber klangvoll: Das Windspiel aus altem Besteck passt perfekt auf den Shabby-Chic-Balkon.

Aus alt mach neu – Upcycling

Materialien

- Alte Töpfe
- Nudelsiebe
- Emailleschüsseln
- Eimer
- Gummistiefel
- … und dergleichen.

Sie brauchen neue Blumentöpfe? Stöbern Sie doch einfach mal über einen Flohmarkt oder in Ihrem eigenen Keller. Alte Töpfe, Eimer und Schüsseln, Dosen oder Plastiktassen und -becher lassen sich einfach so oder mit etwas Lack und Farbe aufgefrischt in neue Pflanzgefäße verwandeln. So bleibt viel mehr Budget für Samen, Pflanzen und Blumenzwiebeln!

Bepflanzte Schuhe

Alte Gummistiefel oder Gartenschuhe lassen sich in witzige Pflanzgefäße verwandeln. Bohren

TIPP

Stellen Sie Metalltöpfe und Gefäße nicht direkt auf den Balkonboden, sondern immer in einen passenden Untersetzer oder auf kleine Blöcke oder Topffüßchen. Rostflecken, die vom Metall auf Fliesen, Beton oder Holz abfärben, lassen sich später nicht mehr entfernen.

Sie in die Sohle ein paar Löcher, damit keine Staunässe entstehen kann. Anschließend kommt ewas Blähton als Dränage in den Schuh und dann die Blumenerde mit den Pflanzen. Hohe Stiefel können auch an den Seiten bepflanzt werden, wenn Sie Löcher oder Schlitze in den Schaft schneiden. Übrigens sind Lederschuhe nicht besonders gut als Pflanzgefäß geeignet, auch wenn man das oft auf Bildern in Gartenmagazinen sieht. Das Leder fängt durch die Feuchtigkeit an zu faulen und zu schimmeln und sieht nach kurzer Zeit alles andere als attraktiv aus.

Eimer, Dosen, alte Töpfe

Emaillierte Metallgefäße sind ideal als Pflanzgefäße verwendbar, da das Metall durch die Feuchtigkeit nicht korridieren (rosten) kann. Auch verzinkte Gefäße halten lange, allerdings kann es vorkommen, dass sich pflanzenwachstumshemmende Stoffe aus der Verzinkung lösen, und daher sollten solche Gefäße nur als Übertopf verwendet werden.

Dränage nicht vergessen

Egal, für welche Gefäße Sie sich entscheiden, irgenwo muss überschüssiges Gieß- oder Regenwasser ablaufen können. Alte Nudelsiebe haben schon Löcher, in Eimer, Töpfe oder große Dosen müssen Sie noch Löcher bohren oder mit einem Hammer und einem Nagel schlagen.

🌼 Wasserabzugslöcher inklusive: Dieses mit Hornveilchen bepflanzte Aluminium-Sieb hat in der Küche ausgedient. Auf dem Balkon erfüllt es nun einen ganz anderen Zweck als Pflanzgefäß.

Windlicht & Kerzenhalter

Materialliste

- Tontöpfe
- Bleistift
- Trennschleifer bzw. ein Multifunktionswerkzeug wie der Dremel®
- Schutzbrille
- Schürze oder alte Kleidung
- Arbeitsunterlage
- Bei Bedarf: alte Feile

Mit einem Trennschleifer lassen sich relativ einfach kleine Formen in alte Tontöpfe schneiden. Arbeiten Sie auf jeden Fall im Freien, da es ganz

TIPP

Statt als Kerzenhalter oder Windlicht lassen sich mit Ausschnitten versehene Tontöpfe auch als Lampenschirme verwenden. Fädeln Sie dazu einfach eine Glühbirnenfassung mit Kabel durch das Wasserabzugsloch. Diese kann dann – wenn Sie einen Stromanschluss auf dem Balkon haben oder mittels eines Verlängerungskabels – angeschlossen werden. Beachten Sie aber, dass Sie nur Kabel und Fassungen verwenden, die für den Einsatz im Freien zugelassen sind, also solche mit Nässe- bzw. Feuchtigkeitsschutz. Normale Fassungen, wie sie für die Wohnung als Deckenlampe erhältlich sind, eignen sich nicht!

schön staubig wird. Ebenso sollte das Wetter mitspielen: Warm und trocken ist am besten, denn der feine Tonstaub kann dann einfach weggefegt oder gesaugt werden.

Mit ein bisschen Übung können Sie viele Formen in die Töpfe schneiden. Besonders schön sind natürliche Umrisse. Verwenden Sie doch einmal verschiedene Blätter, beispielsweise von Fächer-Ahorn, Lenzrose, *Heuchera* oder Funkie, als Schablone. Auch einfache Schlitze, die sich zu einem geometrischen Muster verbinden, entfalten eine schöne Wirkung.

① Zeichnen Sie mit einem Bleistift die Formen, die Sie in die Wand schneiden möchten, auf den Topf auf. Gerade Schnitte sind einfacher und ideal, um die Technik zu üben. Wenn Sie dann routinierter sind, können Sie sich mit entsprechenden Werkzeugaufsätzen auch an runde und geschwungene Formen wagen.

② Schneiden Sie die Form nach und nach aus. Gehen Sie dabei so vor, dass Sie erst die ganze Form anschneiden und dann die Schnitte schrittweise vertiefen. Wenn Sie die Topfwand an einer Stelle komplett durchtrennen, besteht die Gefahr, dass die Form an einer anderen Stelle ausbricht. Bei Bedarf können Sie scharfe Grate mit einer Feile oder einem entsprechenden Aufsatz noch nachglätten.

③ Mit einer dicken Stumpenkerze oder einem Teelicht bestückt, wird Ihr Balkon abends in ein warmes Licht getaucht. Lassen Sie Kerzen und offenes Feuer niemals unbeaufsichtigt und auch nicht einfach ausbrennen.

Lichterketten-Rankspalier

Materialliste

- Rankspalier oder -gitter
- Lichterkette (für den Einsatz im Freien)

Warum schmückt man den Balkon eigentlich nur im Winter mit einer Lichterkette? Viel schöner wäre es doch, ihn im Sommer, wenn man ihn nicht nur von außen oder innen sieht, sondern auch wirklich nutzt, abends mit einem angenehmen Licht zu inszenieren. Die Auswahl an Lichterketten ist riesig. Am schönsten sind solche mit warmweiß leuchtenden LEDs. Blau- oder kaltweißes Licht wirkt sehr kühl und auf

Dauer unangenehm. Achten Sie beim Kauf der Lichterkette darauf, dass sie lang genug ist (aber nicht zu lang), und sie muss für den Einsatz im Freien zugelassen sein.

Dieses Projekt ist ideal für den Spätwinter, wenn die Weihnachts-Deko abgebaut wird und die Kübel noch nicht bepflanzt sind. Im Frühjahr kann das Spalier dann mit Kletterpflanzen begrünt werden, die bei Dunkelheit den Balkon in eine märchenhafte Atmosphäre tauchen.

① Nehmen Sie das Spalier von der Wand und wickeln Sie die Lichterkette in mehr oder weniger engen Schlingen um das Rankgerüst. Umwickeln Sie erst nacheinander alle senkrechten und dann alle waagrechten Streben.

② Achten Sie darauf, dass Sie jeden Holm bzw. jedes »Gitterfenster« des Rankgerüstes immer mit derselben Anzahl an Schlingungen umwickeln. So erhalten Sie ein gleichmäßig ausgeleuchtetes Spalier.

③ Fertig ist das Lichterketten-Rankspalier, das den Balkon abends in ein warmes Licht taucht.

Weitere Beleuchtungsmöglichkeiten

Nicht nur Lichterketten können als Stimmungsbeleuchtung des Balkons eingesetzt werden. Es gibt im Handel viele verschiedene Solarlampen, die in die Balkonkästen zwischen die Pflanzen gesteckt werden können oder die als Lichter- oder Lampionketten an Balustraden oder Balkonstreben befestigt werden können. Sie kommen auch ohne Stromanschluss aus und können das ganze Jahr im Freien bleiben.

TIPP

Wenn Sie noch keine Lichterkette haben, sollten Sie das Spalier vorher grob ausmessen, also die Länge aller Stäbe und Streben addieren. Dazu kommt noch ein Zuschlag von ca. 20 %, dann bekommen Sie die Gesamtlänge der Lichterkette, die Sie brauchen. Nichts ist ärgerlicher, als auf halber Strecke beim Umwickeln festzustellen, dass die Kette zu kurz ist. Ist die Kette zu lang, können Sie sie einfach noch ein paar mal zurückwickeln und bekommen so eben ein etwas heller strahlendes Rankspalier. Bei größeren Spalieren ist es in der Handhabung einfacher, zwei etwas kürzere Ketten zu verwenden als eine sehr lange.

Adressen, die Ihnen weiterhelfen

Internet
- www.markt.de
- kleinanzeigen.ebay.de
- www.quoka.de
- www.dhd24.com
- www.ebay.de
- www.kalaydo.de

Inspiration
- www.dawanda.com
- www.deavita.com
- www.handimania.com
- www.pinterest.com

Balkon & Gartenbedarf
AFP Marketing GmbH
Raiffeisenstraße 38
27239 Twistringen
www.balkonerlebnis.de

Dehner GmbH & Co. KG
Donauwörther Straße 3-5
86641 Rain am Lech
www.dehner.de

Gärtner Pötschke GmbH
Beuthern Straße 4
41564 Kaarst
www.poetschke.de

Gartenzauber
Hof Bissenbrook
24623 Großenaspe
www.gartenzauber.com

plantu
Rotherstraße 18
10245 Berlin
www.plantu.de

Gemüsesaatgut
Bioland Hof Jeebel
Jeebel 17
29410 Salzwedel OT Jeebel
www.biogartenversand.de

Dreschflegel GbR
In der Aue 31
37213 Witzenhausen
www.dreschflegel-saatgut.de

Bingenheimer Saatgut AG
Kronstraße 24
61209 Echzell-Bingenheim
www.bingenheimersaatgut.de

Gärtnerei Dieter Haas
Obere Leberklinge 26
97877 Wertheim
www. bioland-gaertnerei-
haas.de

Kräuter
**Rühlemanns Kräuter
& Duftpflanzen**
Auf dem Berg 2
27367 Horstedt
www.kraeuter-und-
duftpflanzen.de

**herbs Bioland Gärtnerei
& Pflanzenversand**
Herbert Vinken
Stedinger Weg 16
27801 Dötlingen OT Nuttel
www.herb-s.de

**Syringa Duftpflanzen
& Kräuter**
Bachstraße 7
78247 Binningen
www.syringa-pflanzen.de

Staudengärtnerei Gaißmayer
Jungviehweide 3
89257 Illertissen
www.gaissmayer.de

Outdoorteppiche
Design 3000
Robert-Bosch-Straße 14
64711 Erbach
www.design-3000.de

Butlers GmbH & Co. KG
Hohenzollernring 16-18
50672 Köln
www.butlers.de

Pappelina AB
Krontallsvägen 26
791 55 Falun, Schweden
Händlersuche in Deutschland
über www.pappelina.com

Stichwortverzeichnis

Bildnachweis

deavita.com: 83 o re, 83 u beide; Flora Press Agency: 22, 80/81, /Daniela Kunze 56, 57 alle 4, 87, /garten-foto.at 52, 53, 89 alle 3, /Helga Noack 24, 25 alle 4, 45 beide, 47 alle 3, 48, 49 alle 4, 58, 59 alle 6, 63 alle 4, 65, /Katharina Pasternak 36, 40 beide, 41; Fotolia/mallebz: 39 o; GAP Photos: 78; Folko Kullmann: 83 o li; Kristijan Matic Fotografie: 1, 2/3, 4 beide, 5 re, 9 o beide, 9 u re, 15, 16 beide, 26, 27 alle 3, 29 alle 6, 30, 31 alle 4, 33 alle 4, 34 alle 3, 35, 42, 43 alle 4, 54, 55, 60, 61 alle 6, 74, 75 alle 6, 84, 85 alle 4, 91 alle 3; Pappelina: 37 alle 6; Pixelio/Andreas Hermsdorf: 13 li; Shutterstock: 5 li, 9 u li, 10, 11, 12, 13 re, 38, 39 u beide, 64; Friedrich Strauß: 6/7, 18/19, 21, 23, 44, 50/51, 66, 67 alle 4, 68, 69 alle 4, 70, 71 alle 3, 72 alle 3, 73, 77, 79 alle 4

Über den Autor

Dr. Folko Kullmann hat in Freising-Weihenstephan Gartenbauwissenschaften mit Schwerpunkt Pflanzenbau studiert und an der Technischen Universität München promoviert. Nach Stationen in Europas größter Baumschule und im Botanischen Garten Kew, London, sowie einem Volontariat bei einem Stuttgarter Ratgeberverlag lebt er seit 2004 seine grüne Passion nicht nur im Garten und auf dem eigenen Balkon aus, sondern auch als Buchautor und Gartenjournalist, Lektor und Übersetzer von Gartenbüchern. Seit 2008 betreibt er mit seinem Partner ein auf Gartenbücher und -magazine spezialisiertes Redaktionsbüro in Stuttgart.

Impressum

Bibliografische Information der Deutschen Nationalbibliothek

Die Deutsche Nationalbibliothek verzeichnet diese Publikation in der Deutschen Nationalbibliografie; detaillierte bibliografische Daten sind im Internet über http://dnb.d-nb.de abrufbar.

Umschlagkonzeption und Gestaltung: BLV Verlag

Umschlagfotos: GAP Photos (Vorderseite) Strauß (hinten links), gartenfoto.at (hinten Mitte), Strauß (hinten rechts)

Gesamtprogrammleitung: Caroline Kaum
Lektorat: Judith Starck, München
Herstellung: Helmut Maxant
Satz: Kristijan Matic, Stuttgart

 BLV Buchverlag GmbH & Co. KG

80636 München

© 2016 BLV Buchverlag GmbH & Co. KG, München

Gedruckt auf chlorfrei gebleichtem Papier

Printed in Germany

ISBN 978-3-8354-1483-9

Hinweis
Das vorliegende Buch wurde sorgfältig erarbeitet. Dennoch erfolgen alle Angaben ohne Gewähr. Weder Autor noch Verlag können für eventuelle Nachteile oder Schäden, die aus den im Buch vorgestellten Informationen resultieren, eine Haftung übernehmen.

 www.facebook.com/blvVerlag

Vom selben Autor erschienen:

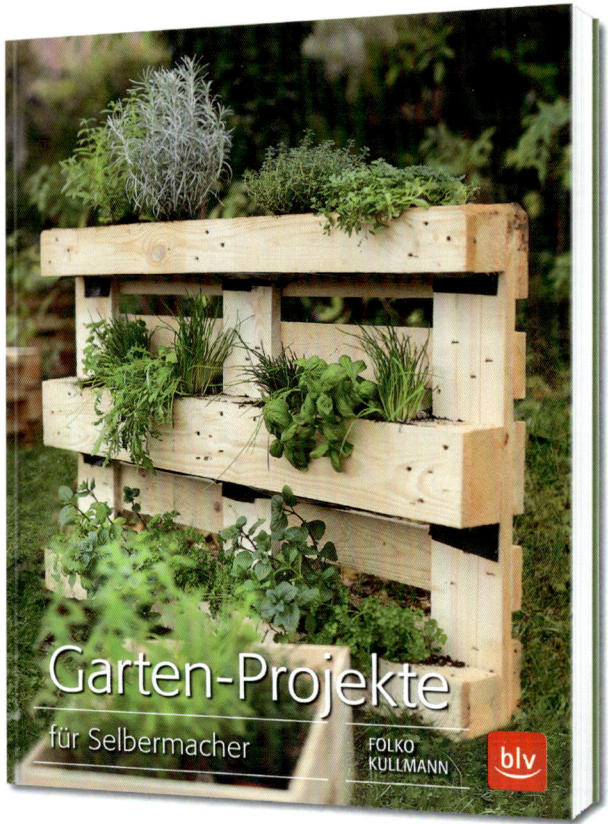

Folko Kullmann
Garten-Projekte für Selbermacher
Für Selbermacher, Urban Gardener, Individualisten. Kleine Selbst-
bau-Projekte mit Step-by-Step-Anleitungen: Hochbeet, Bilderrah-
men zum Kräutertrocknen, Strohballenbeet, Mini-Teich für Balkon
und Terrasse, Frühbeetkasten, Trockenmauer, Beeteinfassung,
Obst- und Weinkistenregale, Plattenweg, Rankgerüst, Gartenregal
usw. Mit Material-Listen und Bezugsquellen-Tipps.
ISBN 978-3-8354-1353-5